心經

超越的智慧

密格瑪策天喇嘛——著
福慧編譯組——譯

目次

前言

這些《心經》教授，是密格瑪堪布在美國麻州劍橋薩迦佛學院，教導了許多個月的課程。密格瑪喇嘛也曾在哈佛大學、麻省理工學院，以及美國各地的其他佛教和瑜伽中心，教導《心經》並主持閉關，此書是從這些教授抄錄且編輯而來。

爲了提高可讀性，我們儘可能使用抄錄的原稿，包括討論、復習和學生與密格瑪喇嘛的原始問答。由於這個原因，本書保有其對話的本質，編輯上不像學術性書刊那麼嚴謹。

無論您是剛開始學佛或老修行，我們期望本書的內容，能讓您對《心經》甚深的教授有更深入的了解，並且啓發您的修行。願十方法界一切有情眾生遠離痛苦！

美國麻州劍橋
曼嘎朗科沙出版社
二〇一四年十月

藏傳《心經》中文版

無可言思般若度，不生不滅虛空性；
各別自證智行境，頂禮三世諸佛母。

如是我聞，一時佛在王舍城靈鷲山中，與大比丘眾，及諸菩薩摩訶薩，同住一處。爾時，世尊入三摩地，名廣大甚深。

復於爾時，眾中有菩薩摩訶薩，名觀自在，行深般若波羅蜜多時，照見五蘊皆空，度一切苦厄。

時長老舍利弗承佛威力，合掌恭敬白聖者觀自在菩薩摩訶薩言：「善男子，若有欲修學甚深般若波羅蜜多者，應云何修行？」

作是語已，觀自在菩薩摩訶薩告長老舍利弗言：「舍利子！若善男子、善女人欲修行甚深般若波羅蜜多，應觀五蘊性空。

「色即是空，空即是色，色不異空，空不異色。受、想、行、識，亦復如是。

「舍利子！如是諸法空無相，不生不滅，不垢不淨，不增不減。舍利子！是故空中無色，無受、想、行、識。無眼、耳、鼻、舌、身、意；無色、聲、香、味、觸、法；無眼界，乃至無意識界。無無明，亦無無明盡；乃至無老死，亦無老死盡。無苦、集、滅、道；無智、無得、亦無無得。

「舍利子！以無所得故，菩提薩埵，依般若波羅蜜多故，心無罣礙。無罣礙故，無有恐怖，遠離顛倒夢想，究竟涅槃。三世諸佛，依般若波羅蜜多故，得阿耨多羅三藐三菩提。

「故知般若波羅蜜多，是大神咒，是大明咒，是無上咒，是無等等咒，能除一切苦，真實不虛。故說般若波羅蜜多咒，即說咒曰：

「怛雅他　嗡　揭諦　揭諦　波羅揭諦　波羅僧揭諦　菩提薩婆訶

「舍利子！諸菩薩摩訶薩，應如是修學甚深般若波羅蜜多。」

爾時世尊從廣大甚深三摩地起，讚觀自在菩薩摩訶薩言：「善哉！善哉！善男子，如是，如是！如汝所說，彼當如是修學甚深般若波羅蜜多，如是行時，一切如來皆悉隨喜。」

時世尊說是語已，長老舍利弗、聖者觀自在菩薩摩訶薩、一切世間天、人、阿修羅、乾闥婆等，聞佛所說，皆大歡喜，信受奉行。

1
三學概述

《心經》所闡釋的，是修學「達舍那」（Darshana）或關於「正見」的教授。佛陀的所有教授可歸納爲戒、定、慧三學，「正見」屬於慧學的一部分，教導我們如何開始正確地看事物。

在這兒「正見」的意思，並不一定是用肉眼看事物。當我們用眼睛看事物的最初那一刻，在任何思想觀念尚未生起前，有可能看到一些眞相。然而，在下一刻，我們開始依據當時的情緒與內心狀態，對所見之事物做出反應。

在「達舍那」的修學裡，「照見」這個詞與正見有密切關係，那是透過慧學培養出來的。我們越修習慧學，就越能開始用內在的慧眼「照見」事物。

諸佛都有慧眼，也被稱爲「第三眼」。在許多藏傳佛教的唐卡聖像裡，我們經常可看到，在本尊的額頭上描繪著第三隻眼睛，位於兩眼之間，象徵慧眼已開。諸佛透過他們的慧眼，可以照見許多我們還無法覺察的事物。

我們的慧眼未開，所擁有的是從父母那裡來的兩隻普通肉眼，那是由情緒所組成「痛苦肉身」的一部分。

大家都知道「情人眼裡出西施」，這句話提醒了我們，肉眼無法看到眞相（勝義諦）。沒有慧眼，我們所見到的一切，只是相對的現象（世俗諦）。我們的審美觀是個人業力和情緒的直接反射，依據個人的情緒，同樣的事物對不同的人會有不同的價值。

透過修學智慧，我們可以用一個嶄新的觀察方式，開始清楚完整的照見眞相。透過慧眼，我們可以開始觀照到更普遍的眞理。佛教的精髓就是修學智慧的正見，而《心經》是一部甚深的經典，我們可以透過修習《心經》來培養正見。

正見不能單靠讀經來培養，必須把這些教授融入禪修裡，並且反覆地修習和思惟。這就是爲何佛陀將禪定加上戒學和慧學一起納入，成爲了至關重要的三學。

在所有修學之中，戒學是最重要的，透過戒律的修持，可將智慧與禪定帶入我們的日常生活中。戒律或「道德的行爲」的主要功能，是適當地將智慧與禪定融入生活的各個層面裡。

「達舍那」是正見的意思，巴利文「巴瓦那」（Bhavana）是禪定的意思，「恰而雅」（Charya）是正行或戒律的意思。在日常生活中，當我們不在研讀經典或禪修時，必須藉著道德的行爲，將我們的覺照與領悟帶入生活的各個層面。正行非常重要，因爲，正確的行爲有最深厚的昇華轉化力量。

如果您的行爲正當，即使在睡眠中，正行也可以發揮其轉化的功能。如果決心不殺生，您會發現，即使在睡眠中，也不會再做暴力的夢。我們的行爲是如此這般的契入心中，即使在睡夢中，道德的行爲仍然持續著。當平時不在研讀經典或禪修時，正確的行爲會持續轉化我們，戒律、禪定和智慧是圓滿修行的三個必要成分。

缺乏正見、沒有慧眼引導的禪修是盲目的，如果禪修卻沒有正見，這種修行不能讓我們超越。

進一步來分析，如果您的行爲正當但沒有智慧，這樣雖可積聚福報，卻不能超脫。缺乏慧眼的引導，行爲將是盲目的，智慧是行爲最重要的指南，而行爲是內在昇華轉化的必要因素。同時，智慧也會決定禪修的方向，因此，我們在這裡研習《心經》中所闡述的「超越的智慧」，這是非常重要的。

首先，我們必須對《心經》的起源有一些認識。佛陀傳授了各種不同的教法，而一連串關於智慧的教授，是弟子所集結的許多大部經典當中的一部。廣大的「般若波羅蜜多」或「超越的智慧」的教授（大般若經），從原始梵文譯成藏文時，一共有十萬個偈誦那麼長。

第二長的《般若經》版本裡，記載了兩萬五千個偈誦。下個版本濃縮至一萬八千偈，之後一萬偈，之後八千偈，之後兩千五百偈，之後七百偈，之後五百偈、三百偈、一百五十偈、二十五偈，最後這部經典被濃縮成了一個字母「阿」。

我們現在所研習的《心經》，是二十五偈的版本。雖然，《心經》是精簡版，但仍涵蓋了整部般若經的精髓，因此，《心經》仍被認爲是完整的版本。因爲，《心經》精確地保留了《大般若經》的心髓，我們越研習《心經》越能深入智慧。

想要了解《心經》，我們不僅要研究《心經》，並且要完全融入於我們的禪修中。修學智慧不能只透過學術研究來完成，必須與修行合而爲一。

這部《心經》不僅在大乘和禪宗盛行的佛教國家，如中國、日本、韓國及越南，被認爲是非常重要的教授，對喜馬拉雅山區金剛乘的佛教國家而言，亦如此。南傳上座部佛教認爲《心經》不重要，我接觸過南傳佛教的比丘，他們並不接受這部經是佛說的。

南傳佛教遵循巴利文三藏，不接受《心經》是佛陀的教授，因爲巴利三藏中沒有這部經典。然而，研習《心經》可以契入《俱舍論》，《心經》裡的每一個字都有非常深的涵義，可以經由研習《俱舍論》，做更深入的了解。

為了研習《心經》，我們現在所用的版本是從藏文翻譯成英文的《心經》（編者按：在本書中被翻成了中文）。我們可以發現，梵文版與翻譯成其他各種語言的版本之間，有些許差別。

無可言思般若度，不生不滅虛空性；
各別自證智行境，頂禮三世諸佛母。

意思是我們向智慧頂禮，梵文的智慧是「般若波羅蜜多」（Prajna-paramita），它一直是以女性來代表，智慧是過去、現在、未來三世一切諸佛之母，因此，智慧總是被描述為一種女性的能量。

這裡所指的智慧是什麼呢？就是超越的智慧。對我們來說，了解「超越的智慧」的各種涵義，是非常重要的。

「超越的智慧」其中的一種涵義，是指超越了我們週而復始的存在，超越了出生、生存、死亡、再生的輪迴。

佛教以輪迴來描述我們的生命週期，如果我們現世的生活充滿平安、喜樂與幸福，就沒有理由和任何需要去超越了。然而，當我們眞切的檢視生活時，見到輪迴中潛藏著永無止息的不滿與動亂不安。

因爲這種不舒服的感受，佛陀說生命的本質是「苦」，也就是痛苦或不滿意。我們在生命裡所做的每一件事，都有積極和消極的一面，但是，沒有任何一件事物是完美的，也沒有任何事物能永遠不變，因此，我們一直有一定程度的不滿意。在我們的生活中，沒有完美不變的事物，所有事物都持續在改變著，隨著無常的變遷，產生了許多激烈的情緒，造成了眾多的痛苦。

智慧具有幫助我們超越輪迴的力量，能讓我們超越生死，因此被稱爲「超越的智慧」。

如果檢視輪迴中痛苦的根本，可以看到痛苦的根源，在於我們正一步步地走向死亡。事實上，我們每一刻都更接近死亡，但我們卻否認這個基本眞相。

在我們的生命中無論有任何成就、達成任何目標或擁有任何財物，我們都將死亡。因爲不想死，我們否認死亡，使它成爲了生命中非常深的痛苦與不安的最大根源。我們在生命中做了很多事、費了很多力氣，試圖避免死亡，讓自己不去注意死亡這個無法避免的事實。

由於業力，我們被迫不情願地死去，週而復始地再投生。我們可以將生與死和其間的中陰身階段，想像成甦醒與睡眠的一種週期。死亡就像晚間睡眠，中陰身就像夢境，再生就像早晨再次醒來。

當我們一再地在生命中重複著甦醒與睡眠的週期時，我們也無止境的重複著生死輪迴，從這一生到下一生的輪迴週期較長，但實際上與睡眠和再次醒來的體驗是非常相似的。

智慧具有超越生死週期的力量，讓我們從輪迴中解脫出來。超越生死輪迴就是寂滅或涅槃的狀態，根據南傳佛教，當我們的生死停止時，那就是涅槃或解脫的狀態。

「般若波羅蜜多」的智慧比涅槃更殊勝，《心經》中的智慧甚至超越了涅槃。我們需要牢記，這句「超越的智慧」在《心經》裡有超越輪迴與涅槃的雙重意義。

根據南傳佛教，智慧引導我們超越了生死輪迴，那就已經足夠了。然而，當我們研習《心經》修學圓滿的智慧時，了解到智慧也能引導我們超越涅槃。

智慧具有同時超越輪迴與涅槃的力量，這是因爲智慧融和了慈悲。當智慧具有無限的慈悲時，甚至連涅槃也能超越，這是「超越的智慧」完整的意義。

無可言思般若度，不生不滅虛空性；

「無可言思」提醒了我們，不能只透過研究和討論來了悟智慧，爲了能親身體證智慧，一定要修甚深禪定。我們在這兒所使用的文字，只能做爲參考，因爲只依靠文字，不能帶給我們眞正的智慧。

那些透過甚深禪定，實證「超越的智慧」的祖師們，成就了一種不可思議的禪定狀態。那種經驗無法透過語言文字傳達，也無法經由思想觀念來解析。

在我們的生活裡，充滿了各種思想觀念，因爲自己尙未見到清淨的體性，因此，我們是陷在佛陀所描述的三輪中的思想者。

首先，我們不知道自己是清淨的，以爲自己知道自己是誰，但是，並未見到自己的眞正性質。我們可能耗費了大半生的時間，透過文化、教育和外在的成就，爲自己打造了一些複雜的身分，但可能過完這一生，還不能完全認知自己的眞正性質。

爲了對三輪更加了解，讓我們來檢視六波羅蜜中的布施波羅蜜，在這裡三輪是指能施之我、受施之人、所施之物。

當施者覺悟到他或她自己的眞正性質時，那便是第一種清淨。接著，根據第一種清淨，施者覺悟到布施之物的眞正性質。而第三種清淨，是施者覺悟到受者的眞正性質。

當您由三輪的眞正性質中得到些許智慧時，將開始不再受到思想觀念的束縛。假如對三輪沒有任何覺悟，我們仍然會被困在二元對立的觀念裡、仍然會執著自己的觀點和自我。因此，我們會不斷地對世界上所有對象生起欣厭感，也會繼續將這些批判延伸至受者身上。

當布施波羅蜜與智慧融和時，才能圓滿布施的功德。智慧是指了知施者、布施之物和受者的眞正性質，只有這樣才能超越所有觀點，從思想和思想者中超脫出來。

這裡的「無可言思」，是指所覺悟的智慧無法以思想觀念來理解，只能透過甚深禪定來覺悟。只有透過禪定，才能從主體、客體和其他一切現象有關的觀點中解脫出來。

英文字「Inconceivable」，它缺少了梵文原文和藏文所具有的另一層意義。梵文是一種非常精細的精神語言，含有多重的意義。這個字在梵文和藏文裡，具有與三輪（施者、所施之物和受者）相關的更詳細意義。不可思議（inconceivable）的意思，是超越了與三輪有關的所有觀念和想法，三輪也可理解爲主體、客體和現象，當您在三輪中看清楚了智慧的眞正性質時，就會從思想觀念中解脫出來，那種解脫無法用語言文字表達。一旦領悟了，就了知那種智慧是不能用言語來形容的，語言文字無法解釋那種狀態。

在智慧的教授裡，非常注重「阿」字。據說「阿」包含了所有的母音和子音，是一切聲音和語言文字的根源。

根據教授，當您在母親的子宮裡受孕時，「阿」字就形成了。從受孕的那一刻起，意識就被困在父親的精子和母親的卵子——白紅二菩提之間。

受孕之後，受精卵首先發展成一條很細的線，像一根很細的頭髮，或像在母親子宮裡很細小的一個筆劃。那條線蘊藏著所有的潛能，您的意識就在那一條很細小的線裡。

雖然這條線很細且中空，像簫樂器般。當意念、空氣和能量通過那條管線時，會發出「阿」的聲音，那原始的音聲是一切文字和語言的根源。

對照見智慧的偉大禪師來說，他們認知「阿」的音聲就是空。那些禪師的任何表情，都是從空性而起的，沒有情緒和業力。

那些大師的行爲舉止像風和雨、像空中的大風暴。那些天氣狀況不會產生任何業力，風暴只是能量的流動，假如風暴摧毀了物品，這並不是因憤怒而產生的行爲，只是一種天然能量的流動。

我們的心中充滿了貪欲、瞋恚和愚癡，由於這些痛苦的情緒、所有的言語和內心的竊竊私語，都只是表達我們感受的一種方式。這種表達並非來自於內在的空性之音，而是由於毀滅性的各種情緒，迫使著我們的心識來做表達。

您可能好奇，想知道親身體驗智慧時是怎樣的狀況？這是一個具有挑戰性的問題，因爲這種體驗包含了個人的自我消融，必須親身體驗才能了解。然而，自我卻在這種體驗中消失了。

在甚深的禪定中是非常寂靜的，所有的思想都融化了，所有的情緒都融解了。一旦您一窺那內在的空性，不論您造作什麼，就不再是一種情緒的表達，都是空性的顯現。

在內在的空性中，沒有任何表白，這就是爲什麼它是那麼的平靜，也是爲什麼那兒沒有業力驅動我們的行爲，或讓我們再造新的業。在內在的空性中，沒有任何情緒，因此非常寧靜。

在經裡，「Inexpressible」（無法言喻）這個字，是指心念之間的內在空性，當您在甚深禪定中體驗智慧時，那是無法言喻的。

在金剛乘的灌頂儀式裡，當上師傳授密咒給您時，同時也將聲音的眞正性質介紹給了您，那就是空性。當您持誦這個密咒數千次之後，您會越來越熟悉聲音的空性。

如果您對空性還沒有任何認知，那麼聲音將繼續是一種表達的方式，成爲傳送所有情緒的工具。如果，我們試圖透過情緒化的語言來表達體驗智慧時的經驗，那將會造成非常大的誤解，因此，智慧不能只透過研究學問來傳授。經由密宗的灌頂儀式，可以將智慧介紹給我們，但我們只能透過實修來徹悟智慧。

……不生不滅虛空性；
各別自證智行境，……

您可能會好奇，假如體驗了智慧，如何認證這種體驗？如何衡量這種體驗？如何確定這種體驗是眞的呢？只有透過禪修，有越來越深的體悟時，您將毫不懷疑地知道，您已經證悟智慧了。

佛陀禪修六年後開悟，成就了無上正等正覺。當佛陀證悟後，有人請求佛陀分享他的體驗。起初，佛陀選擇不做任何教授，佛說：「我已經證悟了大智慧，但您們還沒準備好，即使我願意教導，您們也不會得到任何東西。」

佛陀繼續保持沉默了四十九天，佛陀知道他已經證悟了智慧，但沒有任何確切的方法來傳達那種體驗，只有天地和虛空是他的見證人。

當見到內在的虛空時，那是您第一次眞正的自覺。內在的虛空並不是一種什麼都沒有的狀態，在空性中伴隨著光明和覺照，那時所有的情緒和思想都空了，卻深深地覺照著空性，這是自覺最初的時刻。

當您心裡所有破壞性的情緒都清淨了，自覺才會顯現，其結果是「清淨光明」心，於是我們第一次有機會見到自我的眞正性質，也就是空性。

我們經常在佛書裡看到「清淨光明」這個專有名詞，「清淨光明」就像自體發光的蠟燭般，蠟燭可以照見任何東西，那是因為它能自己發光。同樣地，當我們的心清淨光明時，才能照見心的眞正性質。

我們的智慧眞性，只有經由淨化了所有負面性的情緒和業力，才能顯現出來。當所有負面性的情緒和業力都沒有了、所有的障礙都消除了，智慧的光將會閃耀，那就是初次眞正自覺的時刻。

這引發了下面的問題：「智慧是從哪來的？它是被創造出來的？或是有條件的？」經典中記載著「不生不滅虛空性」來澄清這個問題。

如同外在虛空是沒有條件的，內在的智慧虛空也是沒有條件的，它是不生不滅的。我們可能會誤以為智慧是從禪定產生的，可是並非如此，禪定只是揭露了本來就一直在那兒的智慧。

佛陀說大地眾生都有佛性，但我們的佛性完全被惡業和煩惱覆蓋住了。禪修和所有的方便法門，都是淨化惡業和破壞性情緒的方法。

當煩惱都被淨化了，我們才能揭露內在的清淨光明，也就是佛性。佛教相信清淨光明是我們的眞正性質，由於我們的業力和情緒，使與生俱來的清淨性暫時被遮蔽住了。

世間的事物必須因緣俱足才能產生。一棵植物的成長，必須有種子、陽光、水和土壤。

智慧不需要因和緣來成就，這就是爲什麼智慧是不生的，從無始以來智慧就在那兒，即使成佛時智慧也不會滅，智慧就像外在的虛空，它一直在那兒。

虛空沒有最初的起點，它不是由任何因緣所產生的。無論什麼東西在虛空中開展，無論有多少顆恆星和行星在其中生滅，虛空仍然是無條件的。

我們都有與生俱來的智慧，那個智慧現在被情緒和業力覆蓋住了，因此還沒見到自己的眞正性質。禪修和持戒，可以淨化所有的情緒和業力，淨化之後，我們將會初次照見內在的清淨光明。

我們心裡充滿著連續不斷的思緒，那些念頭就像一滴接著一滴湍急的水滴，如同一條連續不斷的流水。透過禪修，可以開始慢慢地觀照到念頭之間的空間，當我們能看到那些水滴間的空隙時，就可以一瞥心的眞正性質。

有些智慧的教授中提到，在心的眞正性質裡，心是不存在的。心只和思想及具有貪、瞋、癡的思想者同在，一旦我們照見了心的眞正性質，連心都不存在了。

我們可以說心是有生也有滅的，但智慧眞性是不生不滅的。心的眞正性質就如同外在虛空一樣，是無限大和沒有任何條件的。對那些已照見念頭之間內在空間的瑜伽士來說，內在的虛空和外在虛空是相同的，那些瑜伽士再不會和宇宙分開。

內在虛空裡沒有「我」的觀念，沒有「我」也就沒有「他」的觀念了。沒有了自他，一切由主體、客體及現象所生起的衝突都消失了，所有的一切都和內在的虛空相同，那是種甚深的和平寧靜。

我們可以將外在的虛空，做爲觀照內在虛空的一面鏡子。大部分的時間，我們看不到內在的虛空，甚至也選擇不去思考那浩瀚的外在虛空。我們陷在生死輪迴裡，因相互依存的關係所生起的所有衝突而分心，持續地掙扎於變遷、病痛和有條件的存在中。如果我們超越了這些相互依存的關係，就可以照見如虛空的智慧，達到解脫。

我們研習《心經》可以觀照到的，就是這種智慧。這部經很有意思，大多數的經典是佛說的，但是在《心經》裡，佛陀只說了幾句話，其他大部分是舍利弗與觀世音菩薩之間的討論。舍利弗是南傳上座部佛教中的一位阿羅漢，而觀世音菩薩是大乘佛教中的一位菩薩。

對南傳佛教的修行者來說，舍利弗是阿羅漢，是一位有最高證悟的禪修者，然而，大乘佛教並不認爲阿羅漢已經徹悟了圓滿的智慧，因此，舍利弗仍試著跟觀世音菩薩學習。當時，佛陀安住於甚深的禪定中，不發一語，舍利弗爲佛力所感動，於是便請教了觀世音菩薩這些問題。

阿羅漢、菩薩和佛，代表著三種不同的證悟層次。佛已完全覺悟，而且成就了圓滿的智慧，舍利弗和觀世音菩薩還未完全覺悟，他們嘗試著討論還未證得的圓滿智慧，佛只是靜靜地禪坐著，不說一句話！

佛陀已經知道智慧是不可思議和無法言喻的，所以保持謙默。我們這些還未證得智慧的人，才需要經過討論以達到更深入的了解。

朝著正確的方向去研習、沉思和討論是很重要的，這就是爲什麼必須透過正見來學習《心經》，如果研習《心經》卻沒有正見，將耗費更長的時間才能了解。

雖然，我們所研習的只是《般若經》的精簡版，仍然可以在這些教授中看到深入的智慧精髓。研習和沉思《心經》的內容，能幫助我們了解實相，並且啓發我們的禪修。

問答

問：「超越的智慧」是不是指證悟了智慧？

答：是的，「超越的智慧」是指證悟了佛性。因爲我們是佛教徒，所以我們稱它爲「佛性」。然而，那種智慧，那種眞正的性質，不論我們怎麼稱呼它，是每一個眾生都具有的。

問：那麼，非佛教徒也可能體驗到這種自我的真正性質和事物的真相嗎？

答：是的，非佛教徒也具有同樣的智慧。如果他們能正確的修行，無論他們的宗教傳承或信仰爲何，都可以揭露那種清淨光明。

問：喇嘛，您曾經提到虛空或空間是不能被創造出來的，是嗎？

答：是的。

問：但是，如果蓋了一棟房子，裡面不是也製造了一個空間嗎？

答：從世俗的觀點來看，我們可以這樣說。但那棟房子裡的空間，早就已經在那裡了，我們只是建了一些牆壁、門窗和屋頂，來蓋住那片虛空。我們或許認爲一個新的空間產生了，但是，當我們拆掉那棟房子時，房子裡的那個空間是否也沒有了？或者仍然在那裡呢？

問者答：那個空間仍然在那裡！

答：這只是虛空或空間的一個小例子，當我們搭乘飛機時，可以看到浩瀚的天空，虛空是無邊際、無條件的。我們周圍的空間也許會被建造的房屋結構……等一些條件所覆蓋，也會因住在房子裡的人而展現各種不同的型式，我們建造了這棟房子，但未曾建造這個空間。

房子是由我們的業力和意願所建成的。我們可以看到，一切相互依存的因緣關係，都是基於我們的業力。房子是因爲屋主想要有一個居住的空間，因而建造了那棟房子。沒有人能夠說：「我要製造一個空間。」我不認爲您能製造空間，無論是外在的虛空或內在的虛空，您只能覆蓋或揭露一直都在那兒的虛空。

所有相互依存的事物正在虛空裡發生著，佛陀曾說有無限多的宇宙和行星，這些宇宙是因業力的關係而存在著，而業力是一切有情眾生所造作的。

地球和所有的行星及宇宙，會繼續不斷地改變，它們會誕生、衰壞和毀滅，這種狀況會不停地循環著，而虛空將永遠不變，因此，虛空是「無條件的」。

對於居住在這個星球上的人們來說，地球似乎很大。最近我和太空人艾格．米契爾博士（Dr. Edgar Mitchell）見面，他曾乘坐阿波羅十四號登月。他說，當他登陸月球時，地球看起來很小！當我們在地球上看月亮，月亮看起來很小，然而在月球上看地球時，地球也很小。每一件相互依存的事物都是相對的，太陽、月亮和地球會生滅，而虛空將一直存在著。

2
五蘊簡介

如是我聞，一時佛在王舍城靈鷲山中，與大比丘眾，及諸菩薩摩訶薩，同住一處。爾時，世尊入三摩地，名廣大甚深。

復於爾時，眾中有菩薩摩訶薩，名觀自在，行深般若波羅蜜多時，照見五蘊皆空，度一切苦厄。

《心經》裡的這個章節，證明了這部經是佛說的，佛陀的侍者阿難是主要的敘述者，他編輯了這部《心經》。據說阿難跟隨佛陀四處旅行，具有如照相般清晰的記憶力，只要他聽過的，都可一字不漏地記住，因此，阿難是一位值得信任的見證人與敘述者。

正如我們已討論過的，佛陀在這部經裡，大部分的時間都住於甚深的禪定中，到最後才開始說話。即使當佛陀保持神聖的沉默時，仍可透過其他的方式來開示，佛陀一直在教導著，但不一定是透過語言文字。既然《心經》裡所記載的「超越的智慧」是無法言喻的，佛陀的禪定與沉默，也許是一種更實際的教授。

當表達真諦時，語言是毫無用處且沒有效果的。然而，佛陀可以經由甚深禪定，透過光與能，用很多種不同的方式來開示。

正常的教學需要具備五種「適當的條件」，「合格的老師」是首要條件，佛陀是一位圓滿覺悟的導師，因此是一個非常可靠的教授來源。然而只有在學生面前，老師才能成為老師，因此「合格的學生」是第二個適當的條件。

有趣的是，如果您現在到靈鷲山，會看到山頂是一個很小的區域。《心經》中敘述著有一大群聖眾聚集於此，會眾中包括以舍利弗為首的佛陀的所有學生。那時，觀世音菩薩代表大乘佛教中的所有諸菩薩，正與舍利弗談論著。

經中也敘述著，那時人、天人、阿修羅和乾達婆也聚集在靈鷲山上。佛教將欲界、色界和無色界的天人分為二十七種類型，這些天人仍在生死輪迴中，還沒有解脫。無色界的天人是沒有形相的，因此他們來參加這個盛會，不會占任何空間！

乾達婆，是類似我們過世後和再生前中陰狀態的一種精神體，意思是「嗅覺食」。這些中陰身的精神體不能吃食物，但是他們仍能聞到氣味。

這麼小的山頂，之所以能容下如此多的與會大眾，那是因為他們大多數是沒有形相的。舍利弗和觀世音菩薩是比丘眾與諸菩薩眾其中的成員，所有參與這次盛會的眾生都是佛陀的學生。

「適宜的教授」是第三個適當的條件。般若波羅蜜多即大智慧到彼岸（超越的智慧），是《心經》的核心，也是佛陀曾與學生們分享的最深的智慧。

第四個適當的條件是「恰當的時機」。如果教授要成功地根植於學生們的心中，恰當的時機是很重要的。正如我們已知道的，佛陀剛覺悟時拒絕講授他的體悟，弟子們請求佛陀分享他所體悟的智慧，但佛陀並不認爲學生們已經準備好了。他保持沉默了四十九天後，才在鹿野苑教導四聖諦，只有在教導了四聖諦之後，佛陀才感到學生們已做好準備，可以領受甚深的般若波羅蜜多了。

般若波羅蜜多是大乘空性的教授，「恰當的時機」是正確的領受空性教授的關鍵。在教典中曾提到，如果時機不恰當，即使學生們聆聽了空性的甚深教授，也會誤解其精髓，甚至可能會無法承受和受到驚嚇，而對他們造成傷害。

最近，我看到了一本關於《心經》新的評論書籍，名爲《心臟病發作經》（*The Heart Attack Sutra*），這部書籍敘述著某些接受般若波羅蜜多教授的弟子們，因爲還沒準備好而產生了許多事故。當這些學生聽了《心經》之後，非常震驚！甚至有些學生感到驚慌失措，有類似心臟病發作的症狀。其他的學生爲了應付這種狀況，變得精神恍惚。從這些經驗我們可以了解，「恰當的時機」對正確的傳遞教授是很重要的。

第五個適當的條件是「適當的地點」。由於這個原因，佛陀選擇了靈鷲山，那是一個非常殊勝的地方。我相信靈鷲山是那個區域的最高峰，登得越高越能影響我們的能量，因此地點可以造成很大的差異。

我曾聽過一個關於著名的小提琴家約書亞．貝爾（Joshua Bell）的故事。有天，他做了個實驗，在尖峰時刻帶著他的小提琴，到華盛頓特區一個繁忙的地鐵站，在數千通勤者經過的月臺上，用他那三百萬元的名琴演奏了四十五分鐘，其中有些是巴哈的作品，非常複雜精細的曲子。

在四十五分鐘期間，僅六個人停下來聆聽，他只賺到人們投進小提琴箱裡的三十二塊零錢。當他演奏完畢時，大家都無視於他的存在，且沒有人鼓掌。

這就是「適當的地點」是多麼重要的一個好例子。當貝爾先生在世界各地的音樂廳演奏相同的作品時，每場演奏會的門票都銷售一空，票價非常昂貴，他的演奏技巧深獲重視。

我們可以從這個故事看到，場地、名望、宣傳與演奏技巧等，一切因素如何成爲吸引聽眾的力量。同一個音樂家，用相同的一把小提琴，演奏了同樣複雜精細的樂曲。可是，在那繁忙的地鐵站裡，幾乎沒有人停下來聆聽。

在佛教裡，這五個條件經常被稱爲「五種吉祥條件」。當俱足這五個條件時，就能將教授完整地傳授給學生。

在這部經裡所有的五種條件都俱足了：合格的老師、適宜的教授、合格的學生、恰當的時機和適當的地點。即便是少了五種條件中的一種條件，或者其中一種條件有誤失，教授就不能完整地傳授出去。即使有合格的老師，可是，如果學生們還沒準備好，就不能領悟教授的精髓。即使有合格的老師和學生，如果教授在當時是不適當或不合時宜的，則智慧將不會被傳達出去。

舉例來說，如果佛陀對沒有任何基礎的南傳上座部行者們講解《心經》，他們大多數會十分震驚，教學也必須在恰當的時間和適宜的地點來進行。

當時的王舍城靈鷲山頂，就具備了這五種吉祥的條件，佛陀和觀世音菩薩都在甚深空性的禪定裡，學生舍利弗對空性感到好奇，並且已經做好了準備，可以領受智慧的教授。

雖然，佛陀是在一種禪定狀態，並且保持沉默，佛陀強有力的示現，啓發了觀世音菩薩與舍利弗之間的對話，佛陀具有透過各種不同方式和他人溝通的能力。

復於爾時，眾中有菩薩摩訶薩，名觀自在，行深般若波羅蜜多時，照見五蘊皆空，度一切苦厄。

色蘊

佛教將一切有條件性的事物歸納爲五蘊，第一種是色蘊，涵蓋了所有物質界的東西。物質是指由原子所組成的物體，是由地、水、火和風四種元素所構成的，這些元素是物質世界的基礎。

色蘊是指外在的物體和我們自己的身體，因爲我們有感官，所以能夠與外在的事物聯繫，假如我們失明了，就不能看見東西。色蘊包括了一切外在被感知的物體（塵）和所有能感覺的器官（根），眼根是能感覺的器官，任何眼睛能看見的東西，就是被感知的物體。其他被感知的物體，也一一對應著其他能感覺這些物體的器官，我們的感官包括了眼、耳、鼻、舌和身體。

因爲有耳根，我們能聽到物質界的各種聲音，有些是大自然的聲音，例如雨聲和溪水潺潺的流動聲，有些聲音是由其他眾生所造成的，例如狗吠或雞鳴。世間有很多種不同的聲音，但都是色蘊的一部分。

氣味也是相同的道理，也是物質世界的一部分，由鼻根所感知。還有許多不同的味道，能經由我們的舌根體驗到。因爲我們有身根，因而可以碰觸到東西，這些包含了我們身體能碰觸到的所有物質。

除了這些能感覺的器官和被感知的物體外，佛陀也提到精神上的元素。當我們生氣時，瞋恨能導致我們的身體產生某些化學物質。現在科學家們也說，如果我們負面的情緒越多，身體內就會產生越多毒素，如果我們的正面情緒越多，身體就越健康。

根據佛教的認知，無論我們何時下定決心，譬如不殺生，那種不殺生的決心就具有昇華轉化的力量，甚至能在我們的身體裡產生正面的物質元素，這些心理上的決斷力，具有改變我們生理的力量。神經科學家們現在證實，禪修甚至能改造大腦的生理結構。

對能感覺的器官來說，那些被感知的物體就如同食物一般。所有視覺上的物體就如同眼睛的食物，當那些視覺上的物體合我們意時，就會給我們快樂的感受；當那些視覺上的物體不合意時，就會使我們產生厭惡感。如此這般，當感官、被感知的物體和意識一起作用時，就產生了各種不同的感受，因此第二種蘊就是受蘊。

受蘊

我們和宇宙萬物互動時，內心就生出了各種感受。當我們看到非常美麗的物品時，就會生出被吸引、希求和快樂的感受。當我們聞到令人愉快的氣味時，可能會勾起美好的回憶。同樣的，當我們聽到優美的聲音時，例如好聽的音樂，可能會激發內心許多快樂的感受。當我們品嘗到美味的食物時，可能會有一陣幸福的感受。當我們碰觸到柔軟如絲般的物品時，或烤火溫暖雙手時，可能會感到非常舒服。

當我們的感官和所有一切事物互動時，就形成了產生感受的各種條件。當吃到喜愛的食物時，我們的肉體會感到快樂滿足，心理會感到歡喜。當碰到一些不合意的事物時，我們的肉體可能會覺得痛苦，心理可能會感到憂愁。

佛陀曾說跟隨著（身體）苦、樂、（心裡）憂、喜的感受，還有第五種中性的捨受，那是指既沒有痛苦和快樂，也沒有歡喜和憂愁的感受。

雖然我們有五種感受，佛陀說根據這五種感受的性質，可歸納為三種基本情緒。佛陀教導我們，一切感受都是基於貪欲、瞋恚和愚癡這三種煩惱情緒起作用的結果。

無論何時，當我們非常執著和渴求一項事物時，如果欲望達成了，我們就會感到滿足和快樂。當我們以瞋恨心來對待事物時，就會產生更多痛苦和煩惱。當我們的愚癡起作用時，就會產生中性的捨受。

因此，所有五種感受都可被精簡為三種核心的煩惱情緒。在日常生活裡，我們比較注意苦、樂、憂、喜的感受。捨受左右著我們的生活，可是我們總是忽略它，因為捨受不是一種強烈的感受，我們甚至經常無法體會到捨也是一種感受。當我們感覺不到明顯的苦、樂、憂、喜時，那便是一種捨受，可是我們並不認為那是一種感受。

即使當我們認為沒有任何感受時，潛在的各種捨受仍在運作著，甚至在睡眠中我們也體驗著捨受。在生活中捨受具有最大的優勢，因爲愚癡是我們最主要的情緒。

愚癡是貪欲和瞋恨的根源，那意謂著苦、樂、憂、喜和捨的感受都根源於愚癡，這種根本愚癡是無法了知自己眞正性質的那種愚癡，只要您仍被自我所驅使，並且對自己的眞正性質一無所知，愚癡便是所有感受的根源。

在輪迴裡的一切眾生，都會體驗到受蘊。佛教說有六種不同類型的眾生，也就是六道眾生——地獄道、餓鬼道、畜生道、人道、阿修羅道和天道。下三道的眾生，體驗著較多肉體上的感受。最上面的眾生，例如阿修羅和天道，他們所體驗的主要是強烈的精神感受。

在人道中，當我們飢餓、口渴或身體疼痛時，那些肉體的感受超過了精神上的感受。如果我們住在越開發的國家，當物質越豐富、身體越舒適時，我們的精神往往更加痛苦。

如果您到比較貧窮落後的國家，可以看到，那些必須整天以勞力來餬口的人，精神上往往比較滿足，當飽餐一頓時，就有一種滿足感。

從另一方面來看，那些生活在不需要爲食物煩惱的地方，而且有很豐富物質享受的人們，他們往往在精神上有更高度的不滿足。精神上的感受與消耗物質資源沒有絕對的關係，當我們所有的基本需求都能輕易地被滿足時，內心的各種情緒會導致更多各種不同的感受。

我們的妄想越多就越痛苦，精神上的喜或憂取決於思想和觀念。我們的感受是從心理反應產生出來的，這些精神上的感受和內心的思想觀念有直接的關係，並不是由物質來決定的，它們的根源是我們的妄想和情緒。

肉體上的感受取決於所消耗的物資，或我們和物體之間的互動。我們必須對生理和心理的感受做一個重要的區分，舒適是一種身體的感受，歡喜是一種心理的感受，雖然它們都和欲望的滿足有關，但有不同的作用。教授中提到，心理的感受實際上比較強烈，即使沒有外界的事物，精神上的感受也能持續存在。甚至當我們已經沒有身體了，心理的感受仍然能繼續存在於我們的心識中，即使在死後中陰的狀態裡，也能繼續體驗到精神上的感受。

想蘊

第三種蘊稱爲「想蘊」，它是根據事物的特性或名稱而形成的思想。每件事物都有普遍的特性（總相），在那些普遍的特性裡，我們可以分辨出一個人或一件物品獨一無二的特性（別相），（總相和別相）包括了廣泛的分類和特殊的性質。

舉例來說，根據一系列唯一的特性，我們能分辨出一個人和一隻動物間的差別。在廣泛的分類中，我們能根據性別來分辨男人和女人間的差別；在同樣性別的人群中，我們可以用其他唯一的特性，來辨識地球上的每一個人。

除了根據事物唯一的特性和普遍的特性，我們也經由自己的業力和情緒，對所感知的每一件事物產生各種思想和反應。基於內在的條件，我們對周遭的事物投射出不同的價值觀，這些價值觀影響著我們所有的感受。

因此，想蘊包括了我們用來感知世界的所有特性和我們的內在條件。想蘊是指所有的觀念，包括了所有知識、所有觀點和所有學說，所有的「主義、學說、信仰、制度」都包括在第三種想蘊裡。

行蘊

第四種蘊稱爲「行蘊」，包括了所有的心理活動，以及十四種非精神、非物質的心不相應行。當仔細觀察時可以看到，所有心理活動都根源於我們的各種情緒。當我們檢視內在的心態時，可以看到三種情緒——正面（善）、負面（惡）和非正面亦非負面（無記）的情緒。

第四種行蘊是一個非常深奧的主題，涵蓋了佛教心理學的所有基礎。透過仔細的檢視，我們將可照見，情緒是如何來造成了我們所有的業力。

所有造成業力的行爲都根源於我們的情緒，但相同的行爲可能有不同的原因。我們可能因爲想吃肉而殺動物，也可能因爲憤怒而殺敵人，或者可能因爲愚癡，意外地殺了另一個生命。在這些例子裡，造業的行爲都是根源於某一種煩惱的情緒。

第四種行蘊，實際上是佛教的心理學，如果您想深入地探討，可以研習《俱舍論》，論中非常詳細地列舉了各種情緒和它們的特性，並且檢視各種情緒是如何形成的，以及討論與這些情緒相關的所有活動。

識蘊

第五種蘊是識蘊，當我們最初受孕於父精母血交合時，我們只有基本心識。當卵子、精子和我們的基本心識合和在一起時，開始孕育出胚胎。當我們的各種器官成形時，與六種感官（六根）相對應的六種意識（六識）就產生了。

基本心識能經由我們的感官與六識相通，當我們的眼根看到東西時就生起了「眼識」，當我們的耳根聽到聲音時就產生了「耳識」。如此這般，有六種意識對應著六種感官——眼、耳、鼻、舌、身和意，第五種識蘊包括了所有這六種意識。

雖然只是簡單的介紹五蘊，但如果詳細研究，我們會發現五蘊涵蓋了一切有條件的事物。如果您想對深奧的佛學有更深的了解，《俱舍論》是一部必須研習的典籍。經由了解五蘊，我們才能更深入地了解自己和其他所有眾生。

只有眞正地了解了五蘊後，才能領會到《心經》的意義。如果我們研習了第一種色蘊，當經文提到「色即是空」時，會對這句經文的意義有一些概念。

觀世音菩薩已經成就了非常高層次的證悟，是一位已經了悟五蘊性空的菩薩。祂不但了悟了自我的空性，也了悟了其他所有眾生的空性，以及整個宇宙的空性。

時長老舍利弗承佛威力，合掌恭敬白聖者觀自在菩薩摩訶薩言：「善男子，若有欲修學甚深般若波羅蜜多者，應云何修行？」

在這段經文裡，舍利弗爲佛力所感，請教觀世音菩薩如何修學般若波羅蜜多或「超越的智慧」。他想了解，一個人如何能修學了悟五蘊的空性。

「蘊」是「積聚」的意思，透過了知目前的色蘊，我們同時也了解了過去、現在和未來所有物體的性質。經由深入地了解五蘊，便能超越時間和空間的限制，了知一切有條件性的東西，這就是爲什麼它們被稱爲「蘊」。

我們能看到和體驗到的是現在的蘊，蘊是一種聚集性的現實，貫通了三世（過去、現在和未來）。我們知道物體是「色蘊」，因爲它有形相可以觸碰到和看到，這個物體可能過去就存在，未來也可能存在。受蘊、想蘊、行蘊和識蘊，也是同樣的道理。

這五種蘊是我們能經歷和體驗事物的必要因素，身體是第一種色蘊所組成的，當我們在生命裡有很多感受和想法時，體驗到了第二種（受）蘊和第三種（想）蘊，我們的所有業力和心理活動，都和第四種行蘊有關，而第五種識蘊是六種感官的意識，（六識）是能感知整個宇宙的根基。

五蘊形成了一個獨立自主的感覺，那是我們投射「我」和「自我」的主要原因，我們因而執著於這個「我」。由於這個「我」的感覺，我們對五蘊中各種外在的物體投射出所有權，因此也執著於這些物體。

自身的五蘊和整個宇宙之間的五蘊，都可以成為「我」和「我的」領域（即「我所」）。當這種情況發生時，我們便把這些東西變成了各種情緒的資產。

一般來說，只要在生命裡有強烈的「我」和「我所」的感覺，我們的各種體驗就會和強烈的情緒相連結。這種緊張的投射和「我」及「我所」有關係，其根源為三種破壞性的情緒——貪執、瞋恨和愚癡。

我們之所以有這些破壞性情緒，就是因為沒有認識到五蘊性空。只要還透過一個實在的自我來認知，我們就會執著於宇宙中的一些物體，如果發生了某些狀況，威脅到任何一個我們的執著時，就會產生痛苦和瞋恨。

我們不只需要了解個人的五蘊，更重要的是需要了解我們如何基於五蘊和整個宇宙互動。經由深入地了解五蘊，我們便能在生活中體悟並得到自在。

問答

問：修學的目標是否是對各種感受更加覺照？

答：修學的目標是超越各種感受，甚至是中性的捨受。捨受因我們的愚癡而起，雖然它沒有活力、不強烈也沒有形相，但依舊是苦、樂、憂、喜的根源。

捨受基於愚癡，而愚癡是貪欲和執著的根源。雖然，我們不能清楚地感覺到捨受，像感到苦、樂、憂、喜那麼明顯，捨受仍然是那些其他感受的根基。

因此，我們的目標是完全的超越這五種感受，必須超越苦、樂、憂、喜，甚至超越捨的感受。成就了般若波羅蜜多（超越的智慧），意思就是超越了所有的感受。

捨受也根源於「我」和「自我」，因此，只要我們還有「我」和「自我」，就會有各種執著。因爲有各種執著，我們就會有苦、樂、憂、喜的感受。

證入涅槃或正等正覺，涉及到認知「自我」的根源是愚癡。當超越了愚癡時，就超越了一切感受。

問：請問喇嘛，精神上的感受是否不同於行蘊裡的各種心理活動？

答：第二種受蘊也可以被包括在第四種行蘊裡，佛陀將感受區分成爲另一種蘊，那是爲了要強調，感受對我們世俗的生活和精神的提升都非常重要。

問：第三種想蘊是果還是因？

答：第三種想蘊，可以是果也可以是因。

問：那麼色蘊呢？

答：色蘊是相互依存的因緣關係，對我們來說，色蘊就是我們的身體。我們的心識、各種情緒、各種思想和各種感受，它們都可以是因也可以是果。

例如，一個男人可以同時是兒子和父親，對他的父親來說，他是一個兒子，對他的兒子來說，他是一位父親，一件事物可以同時是因也是果。

我們可以找到各種蘊之間相互依存的關係，例如我們感到痛苦不幸時，可能會發怒或做一些不好的事。在那種情況下，痛苦的感受成了惡行的因，而惡行會造成另一個有更多痛苦感受的果。

當我們因負面的感受而採取行動時，感受會轉化成爲身體上的行動，去咆哮或傷害某一個人。憤怒是一種情緒，但因透過我們的身體來表達，使它有了物質的成分。

如此一來，色蘊就成了相互依存的因緣關係。佛陀曾提到，如果我們修善業就會喜樂，如果我們造惡業就會痛苦，這是果報成熟時的狀況，我們現在所感受的一切，都和過去所造的業有關係。

3

受與想

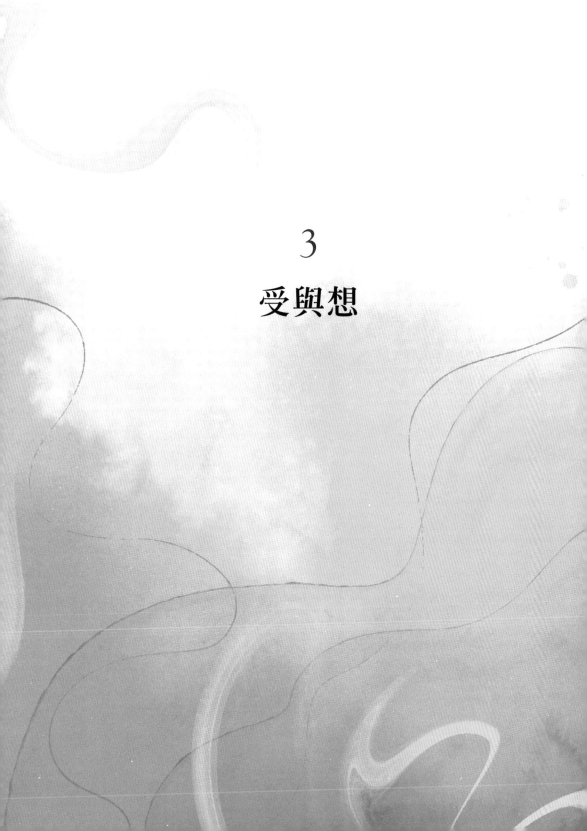

觀世音菩薩是無限慈悲的代表（菩薩是菩提薩埵的簡稱），「菩提」的意思是「覺者」。菩薩已證悟了無我，並且生起了堅定的決心，因此，菩薩爲了利益無量有情眾生，無畏的發心修道成佛。由於這樣的發心，菩薩已禪修多年，並且已經覺悟了。根據眾所周知的傳說，觀世音菩薩爲了利益眾生延遲了自己成佛的時間。據說觀世音菩薩已經可以圓滿開悟成佛了，但他選擇延後自己的圓滿覺悟，以便幫助更多的眾生。

菩薩誓願有各種不同的方式，其中的一種方式被形容爲如牧羊人般的願，這可能是觀世音菩薩發心受持的。牧羊人的職責是永遠跟隨和保護羊群，當您發心受持如牧羊人的菩薩誓願時，實質上是誓願幫助所有眾生成就佛道，承諾直到所有其他眾生都已成佛後，自己才圓滿覺悟。

因此，觀世音菩薩將一直保持菩薩的身分，因爲眾生無量，絕對不可能有所有眾生都成佛的時候，爲了遵守誓願，觀世音菩薩將繼續是一位菩薩。

雖然觀世音菩薩是菩薩，但他對超越的智慧「般若波羅蜜多」的證量是非常高的，已經照見了五蘊的空性。

如果我們去深入的了解，會發現所有的五蘊都不是實在的，我們無法找到任何一個獨立存在的蘊，它們一直不斷地改變著。然而，五蘊的根源是煩惱的情緒和惡業，因此，我們持續不斷地處於痛苦和煩惱中。

我們無法在五蘊中找到任何一個靜止存在的事物，五蘊不但無法固定存在，而且它們的眞正性質就是空性。「空」不是某種理論或被製造出來的東西，對於有某種層次證悟的修行人來說，那是眞理的顯現。

雖然五蘊的眞正性質是「空」，但它們是相互依存，因我們的各種煩惱和業力而產生的，五蘊離不開業力，有因也有果。

業是由內心的意念製造出來的，世親菩薩曾說：「業力創造了宇宙，而業是由意念製造出來的。」因此，相互依存的五蘊是意念和業力所產生的結果，而它們的眞正性質是空性。

觀世音菩薩證悟了五蘊皆空，所以非常有資格來教導舍利弗。我們還沒有照見五蘊的空性，因此仍然在輪迴中。

我們如何體驗現實中的五蘊呢？我想是循序漸進有次序性的。在現實生活中，我們對自己的東西和身體不會有很多疑惑，因為能看見和觸摸到物質性的東西（色蘊），所以我們對物質世界和我們的身體可以有一些共識。

我們有各種感官，能感知所有物質性的東西——看見、聽見、觸摸、嗅到、嘗到。但由於個人內在的條件和情緒，我們對相同的事物可能產生非常不同的感受，基於各自不同的情緒和業力，不同的人會用不同的角度來看相同的事物。

第一種「色蘊」讓我們對物質世界有了各種實質的體驗，我們的感官搜集著周圍的一切資訊，透過色蘊這個基礎而產生了許多感受。

第二種「受蘊」比第一種「色蘊」更精細，我們是否會感到苦、樂、憂、喜或中性的捨受？這因人而異。「色蘊」運作在比較粗顯的物質層面上，但「受蘊」更精細，因此佛陀把感受歸納成第二種蘊。

第三種「想蘊」比「受蘊」更精細，佛陀根據粗顯到精細的程度來歸納這五種蘊。因此，「行蘊」比「想蘊」更精細，而第五種「識蘊」是五蘊中最精細的，精細到甚至不需要依靠粗顯的物質身體來運作，在我們死後意識仍能繼續存在。

當我們埋頭於物質科學中時，可能很難接受心或意識是非物質的東西。如果您和科學家或醫師談論心或意識，他們很少把心或意識描述爲非物質的東西，反而常說意識只是大腦功能反應的一種產物，或者只是心臟與大腦交互作用的產物。這是因爲意識太精細了，無法用任何有形的方式找到它，因此，常令人迷惑不解。

以人類目前的體驗，我們認知五蘊的次序與佛陀從粗顯到精細的教授相同。當我們體驗到物質（色蘊）後，接著有了各種感受（受蘊）的反應，之後發展成思想（想蘊），然後產生了心理活動（行蘊），最後達到意識的覺知（識蘊）。

當最初受孕時，我們經歷五蘊的次序和平常從粗顯到精細的次序不同。我們在母親的子宮裡受孕，剛開始沒有任何感官，所有感官都是在胎兒受孕之後的幾個階段中，發育成長出來的。

從受孕的第一刻起，我們的意識就被困或夾在卵子和精子之間，當時只有意識，然後各種情緒從我們的意識中產生了出來。

因爲愚癡，不知道什麼是眞正的我，當父親和母親結合時，我們便對其中一人產生了貪愛執著，那種吸引力牽引著我們，在一剎那間便受孕了。

這個過程從不知道我們眞正性質的那個愚癡開始，然後，因爲被父母其中一人所吸引，我們的心就被牽引而受孕了。然而，當心中有愛時，自然也有厭惡，因此，我們會對另一位父母有微細的厭惡感。

正如前面已提過的，「行蘊」是指所有的心理活動，包括佛教心理學中詳細列舉說明的所有情緒。您可以研究許多各種不同的情緒，但愚癡心、（貪欲）執取心和瞋恨心始終是所有煩惱情緒的根本。

我們受孕時（識蘊）就帶著這些主要的煩惱情緒，基於「行蘊」的心理活動，發展出思想（想蘊）和感受（受蘊），之後漸漸在胚胎中孕育出身體和各種感官（色蘊）。我們在胚胎中發展的次序，和生活中體驗五蘊的次序恰恰相反。目前我們正從粗顯到精細體驗著五蘊，然而在胚胎孕育的過程中，卻從精細的識蘊發展到粗顯的色蘊。

因爲還沒有照見五蘊性空，我們對這些蘊非常執著。由於各種情緒和業力，我們基於五蘊的作用，產生了極端強烈的自我感。

這種強烈的自我感，完全是依五蘊而有。我們非常執著於「我的身體」、「我的感受」、「我的想法」、「我的情緒」和「我的心」，將自己纏繞在極端強烈的情緒中，這種強烈的我執也造成了對「我所擁有的事物」（我所）的執著。

表示我們的所有權，實際上這是我執的延伸，我們說：「我的房子，我的車，我的城鎮，我的國家。」事實上只是把對自我的執著擴展到全宇宙。

教授中曾提到，「我」和「我所」的執著是輪迴的根本原因。當我們有這種強烈的執著時，不但無法照見智慧，反而會因這些執著，製造出更多障礙和業力。輪迴是生與死和再投生的無盡週期，除非我們對空性有了一些了悟，否則就會一直陷在輪迴中。

佛陀曾說，第二種「受蘊」和第三種「想蘊」都可以被包括在第四種「行蘊」中。受和想都是心理活動，佛陀之所以把它們分開，那是因爲「受蘊」和「想蘊」是造成世界上各種衝突的主要原因。

受

讓我們來檢視一下各種感受，它們在生活中所扮演的角色。我們在生活裡所追求和消耗的每件事物，都是爲了想得到更多的舒適和快樂，那是我們生活的一種動力。

進一步來看，我們之所以向外追求舒適和快樂，事實上是因爲沒有培養好內在的滿足和平衡。如果內心不平靜，我們就會到處去尋求快樂，甚至會和其他人發生衝突，把自己的不快樂歸咎在周圍的人身上。

夫妻之間的爭論，經常是因爲其中一人覺得對方沒有讓彼此快樂，已經無法滿足需求。世間很多衝突，都是因爲期待某種外在事物能使我們更快樂而起，例如國與國之間互相爭奪資源，或因宗教而引起戰爭。只要我們還沒培養好自己內在的平安和快樂，就會向外尋求來得到滿足。

感受是輪迴的主要原因之一，當我們研習後面章節中的十二因緣時，會驚訝地了解到我們是否會繼續輪迴？或是否會證悟？十二因緣中的「受」是非常重要的關鍵。

這就是爲什麼，佛陀選擇了「苦諦」做爲第一個教授。當佛陀證悟後，本來可以選擇一些更高的教義，做爲最初的教授，但佛陀以無量的智慧領悟到，求解脫的第一步就是認識「苦諦」。

我們不斷地追求著舒適和快樂，已經這樣過了多生多世了，可是仍沒找到眞正的快樂，反而是越積極地去追求快樂就越憂苦！那是因爲我們朝著錯誤的方向去尋求快樂。「苦」（dukkha）這個字意謂著「不滿足」，由於不知該往何處去尋找眞正的快樂，因此無論我們在生活中如何做，仍然會感到不滿足。

在輪迴裡的人際關係，剛開始時往往還好，但結束時卻糟透了。我們因貪欲而受孕，生來就是爲了追求舒適和快樂，但結果總是痛苦和煩惱，最後都是以死亡來結束我們這一生！

佛陀是一位了知了各種感受眞正性質的專家，已經從各種感受中解脫出來了，因此，能觀察到感受如何造成了我們的痛苦。這些感受令我們極端盲目，因而不能客觀地看清楚它們。我們絕對不可以低估感受在生活中的影響力，當我們對各種感受有了一些覺照後，就能開始自我解脫。

有一次，一位學生問我，「我們已經這麼苦了，想快樂些，爲什麼佛陀要強調苦諦，做爲第一個教授呢？」佛陀之所以宣說苦諦，正是爲了讓我們從痛苦中解脫出來。

佛陀宣說苦諦，並不是讓我們受更多苦！而是試著向我們展示苦的各種層面，讓我們了解而達到解脫。如同必須先知道疾病的眞正原因，才能找到正確的醫療方法，我們也必須先找到苦的根本原因，才能解脫自在。

苦是受蘊的附屬品。如我們已討論過的，生活中有五種感受——苦、樂、憂、喜和中性的捨受，苦就是這五種感受的產物。

感受是我們生活中所有苦的原因，它們造成了業力，令我們持續不斷地再投生，也是所有打鬥爭論的根源。雖然各種感受，都能被包含在第四種「行蘊」之中，但爲了強調感受的重要性，佛陀把它們歸納爲第二種「受蘊」。

對那些智力較低的眾生來說，感受可能扮演著更重要的角色，我們可以想像得到，感受在動物的世界裡，可能比感受對人類更爲重要。大多數動物的智商都低於人類，因此可能更敏感，或許動物主要是被感受所驅使著。

人類和動物不一樣，有機會受教育，也可以經由禪修來改善智能。當我們禪修越多時，會對各種感受有更多的覺照，因此越能對治這些感受。

然而人類有另一項風險，智商越高、完成越高教育的人，可能會越執著於一些想法。高智商可以幫助人們理解，能控制一些自己的感受，可是在這個過程中，人們可能會更確定自己的想法。

想

這就是爲什麼，雖然「想」也能被包括在第四種「行蘊」之下，但佛陀把「想」分出來成爲第三種蘊。佛陀之所以將「想」分出來，是爲了強調各種想法對我們生活的影響。那些智商高的人，會非常執著自己的想法和「主義、學說、信仰、制度」，爲了保護他們的想法，可以犧牲他們的各種感受。

在歷史中有很多人因爲宗教之名，甘願忍受各種痛苦和苦難。有些人將他們虔誠的「信仰」變成了極端主義，爲了護衛他們的信仰，採取極端暴力的手段，因此，思想也是解脫的一大障礙。

「受」和「想」具有駕馭我們的強大力量，雖然它們都可以是第四種「行蘊」的一部分，但爲了強調它們在我們生活中，扮演著非常關鍵性的角色。佛陀把「受」和「想」分出來，成爲了各別的蘊。

由於我們是五蘊所組成的，因此，產生了非常強烈的自我執著。當有了「我」，其他的一切事物就變成了「他」。一旦有了「我」和「他」，就產生了衝突的可能性。所有二元性的對立，都是因爲我們還沒有了悟五蘊性空。

觀世音菩薩已經照見了五蘊皆空，也就是一切有條件的事物都是空的。「空」的梵文是「shunyata」，經常被誤解爲什麼都沒有，無法透過語言文字眞實地描述出來。如果沒有經由禪修來體悟空性，不論我們如何嘗試用語言文字來表達，仍然會產生一些誤解。因此，《心經》一開始就提到「超越的智慧」是無法言喻的。《心經》只是一個參考，並不能賜予我們空性的體驗，唯有禪修才能讓我們有那種內在的體悟。

「空」絕對不可以被誤解爲一種「無」的狀態，進一步來說，「空」不是永恆的，也不是單獨存在的，更不是固定存在的。「空」超越了四種邊見——有、無、亦有亦無、非有非無。

「空」的目的，是把我們的心從各種情緒中解脫出來，我們的心現在被囚禁在各種情緒和心理活動中，因爲這種狀況，我們造了許多業，繼續陷在輪迴裡。覺悟「空」可以讓我們從各種邊見中解脫出來，那是非常重要的。

即使在佛教裡，對於空性也有四種不同的哲學理論。當您研習了更高的哲學理論後，就能了解那些較低層次的哲學理論並不圓滿。《心經》裡所說的空性，超越了這四大佛教學派的所有哲理。

四大佛教哲學理論爲說一切有部（Vaibhashika）、經部（Sautrantika）、唯識（Chitamatra）和中觀（Madhymika）。學生時代可以花很多年來研究哲學理論，這些理論非常複雜，因爲我們試著探討整個無邊無際宇宙的空性，也包括了自我的空性。

這是一項非常複雜的研究，爲了達到離苦的目的，我們現在正在研習空性，以便能超越個人的自我，以及超越對各種現象和對自己的執著。

「我執」是對「自我」和「我所」的執著，是煩惱的情緒和各種業的起因，也是爲什麼我們一直反覆輪迴的原因。

研究哲理可以提供我們一個很好的參考依據，但是只研究哲學理論，並不能使空性變成個人的體驗。這些理論來自印度和西藏的大師們，研究這些大師淵博的著作是非常有價値的，可做爲認識空性的導引，但這些著作並不能給您空性的體驗，唯有經過禪修才可以了悟空性。

學者們可能會用很多年的時間來研究空性，但除非他們有實質的體驗，否則那只是一種知識的累積，永遠不可能變成智慧。無論我們收集到多少資訊，都唯有透過自己對空性的親身體驗，才可以轉化昇華。

當學者們做了越多的研究時，可能會越來越執著他們自己的想法，變得非常固執己見，並且執著於自己的理念，但如果無法超越對知識的執著，就不可能有智慧。爲了對治這一類的執著，認識「想蘊」是非常必要的。

「照見五蘊皆空」能使我們從輪迴中解脫出來，甚至也是不住涅槃的方法，這對於那些以涅槃爲終極目標的人來說，剛開始可能會感到有些困惑。「般若波羅蜜多」深廣的智慧，甚至能超越涅槃，也超越了四大佛教教派的哲學理論，那是經過禪修所了悟的圓滿智慧。

只有這樣，才能變成像觀世音菩薩一樣。只有這樣，才有資格根據內在的體悟做些討論。在證悟之前，我們只是重複著其他人的話，發表一些收集到的資料。

在經中，觀世音菩薩正和舍利弗分享祂個人所證悟的智慧，那不是一種知識性的經驗，而是直接從禪修中證悟的，這些話有豐富的意義和加持力，並非枯燥無味的話。

以我們的程度來看，《心經》似乎非常自相矛盾，這是因爲我們目前的程度，不能了解這種最高的智慧。諸菩薩們已經見到了空性的智慧，他們是用慧眼看到的，而我們是用人類情緒化的肉眼來看東西，總是被自己的內在條件、情緒和業力所遮蔽。我們必須記住這個差異性，當《心經》令我們感到困惑時，就可以（提醒自己）想起《心經》來自於一個證悟的源頭（即觀世音菩薩已經「照見五蘊皆空」了）。

問答

問：當我們看到物體的最初那一刻，這是意識？或是其他作用？

答：最初的影像是眼識的一種直覺反應，接下來的一瞬間，會和我們的意識連結，在直覺上加了另一層感受。

我們的意識一直在那兒，甚至晚上做夢時也有意識。當我們的感官感知物體的第一瞬間，意識還沒有任何觀念，可是接下來立刻對感覺到的資訊，非常快速地做出反應。我們的心續之流——意識，已經跟隨我們多生多世，但被各種情緒和業力遮蓋住了，障蔽了我們的智慧之眼。然而，即使是第一瞬間沒有任何觀念的直覺，也不等於智慧之眼。

例如我在街上看到一個人朝著我們走來。最初的一瞬間，我們的眼識只感知到某種物體、某個動作和形狀。然而在幾秒鐘內，我們的心開始對這個人品頭論足，注意到他的服裝、體型和高矮。我們可能正在想他是不是熟人，如果感到他有吸引力和順心合意，立刻會感到親切；如果發現他難看和不合意時，可能會產生厭惡感。我們的反應，根源於內在的條件和心裡各種潛在的情緒。

我們剛感知的那一瞬間，是沒有任何觀念的，從正面的義意來說，這類似於一種禪修的經驗，沒有批判和情緒上的反應，緊隨著這個沒有任何觀念的第一印象，隨即產生了一連串的眾多反應。

如果您和那個人交談，搜集到一些他的相關資料，在這個進一步的接觸中，會對他或她產生多重的價值觀和批判。如果您得知她是一位百萬富翁，下一次和她見面時，心中可能會帶著與富有相關的情緒。如果您獲悉他曾經入獄，可能會對他因何而入獄有各種想像。

當我們對這個人有越多資訊時，會從這些資訊中產生出越多想法。當有了越多想法時，我們就會越情緒化，因而造了更多的業。

最初那一瞬間的覺知，並不是一種圓滿的經驗，但對智慧之眼如何照見事物，是一個很好的參考。諸佛看事物沒有破壞性的情緒和業力，沒有任何投影、想法或價值觀。諸佛照見了事物的真正面目（法爾如是），不受任何思想影響。

問：請問喇嘛，是否有可能延長那種沒有觀念的瞬間體驗？

答：是有可能的，這正是我們修習止（shamatha）禪修時試著做的事。舉例來說，如果用一朵藍色的花來禪修，我們便將注意力集中在那朵花上，來延長沒有觀念的狀態，試著專注於當下而沒有任何妄念。我們禪修得越多，就越能延長那種無觀念的狀態。

問：請問喇嘛，我記得您曾提到觀空咒「嗡　梭巴瓦　秀打　沙瓦達瑪　梭巴瓦　秀多　罕」。如果發生了某件事，讓我感到思想和情緒陷入太深時，是否可以誦持觀空咒使我的心靜下來，不去胡思亂想呢？

答：是可以的。觀空咒的功用是使心中的妄念靜止下來，讓心停留在「內在虛空」中，是一個非常強有力的咒。在儀軌修持裡，觀空咒的力量和加持力能幫助我們停留在念頭之間的空間中，實現空性的體驗。

禪修的目的是體悟「內在虛空」，雖然「念頭之間的空間」說起來很容易，但當我們的內心有這麼多不停的心理活動時，卻非常難體驗到！這些妄想、業力和各種情緒，已經跟隨了我們多生多世，因此累積正向的功德是非常重要的。當我們有越多功德時，咒力會越增長、越強大，累積功德的多或少，將決定您擁有多少智慧。

問：請問喇嘛，您能多談一點相互依存的關係嗎？

答：相互依存的關係（緣起）是性空有條件性相對的那個層面（世俗諦），而「性空」是另一個面，也就是最終極的眞理（勝義諦），它們如同一枚錢幣的兩個面。當我們修習下面四種空——色即是空、空即是色、色不異空、空不異色時，將會更進一步的研討。

拿這個杯子舉例來說，我們現在看不到杯子的空性，但如果我們仔細地檢視這個杯子，了解其相互依存的因緣關係，並且一步一步深入時，就可以看到它的空性。性空和緣起是一枚錢幣的兩個面，佛陀看到了（緣起性空整體的）兩個面，而我們只看到相互依存的關係（緣起的這個面）。

4

行與識

心相應行

行蘊有兩種，第一種是心相應行。在論典《阿毘達磨》裡列舉了五十一種不同類型的心理活動（五十一心所），這些活動和心理學有關係，其中包括了眾多情緒，可以教導我們認識自己。

有一些情緒或心理活動是中性（無記）的，它們一直在我們的心中。例如記憶本身的性質是無記的，既不是負面（惡）的，也不是正面（善）的。但如果記憶充滿了憤怒，成爲憤怒的一部分時，可以很容易的變成惡的。記憶也可以變成善的，例如那些充滿慈悲的記憶。記憶本身的功能是無記的，但可以輕易的和善或惡的各種情緒聯結在一起。

憤怒是惡的心理活動的一個好例子，因爲它具有破壞性，正在傷害著我們，並且可能傷害其他的人。有許多情緒和心理活動都具有破壞性，它們是負面（惡）的。

慈悲是善的心理活動的一個好例子，因爲它可以帶給自己和他人更多快樂。

另外有一種「不定」的心理活動，例如後悔是一個不定的心理活動，因爲它潛藏著向善或向惡的可能性。如果我們後悔做了某些善事，那種後悔是惡的。如果後悔做了某些惡事，這種後悔就是善的。

對修行人來說，了解各種類型的心理活動是非常重要的。我們可以客觀的來研究各種心理活動，但最重要的是觀照自己的內心，去深入了解自己心理的各種活動。

我們具有所有各種類型的情緒，它們一直波動，從不靜止，不停的在改變著。這一刻您與某人相愛，而下一刻卻因某種傷痛或背叛，您可能會恨那個人。

生爲人類可能會感到很困惑，因各種的情緒一直不斷地在改變著，令我們內心的感受非常複雜。佛陀曾提到，心和心理活動就如同食物和許多不同的調味料，所有的調味料都同時存在於食物中，但我們傾向於只嘗到其中味道最強烈的調味料。同樣地，即使其他的各種情緒仍然存在，我們卻傾向於只感覺到當時最強烈的情緒。如果我們感到憤怒，憤怒就占據了我們的心，這並不表示除了憤怒之外沒有其他的記憶或情緒，只是因爲憤怒是當時最強烈的情緒而已。

因爲我們有眾多的心理功能，因此研究心理活動是非常複雜的，各種情緒和思想一直在自己的心中流轉著，具有驅使我們發狂的潛力，尤其是在我們沒有能力察覺時，這些心理活動的力量更是巨大。

在解脫道上，徹底地了解自己的心是必要的，這就是爲什麼，我們必須非常仔細的來研習第四種行蘊。「業」（karma）可以被翻譯成「行爲」，而行爲始於各種心理活動，由於這些「心相應行」，所有的業就在心中產生了。

當我們憤怒時，它可以在我們心中產生意念（五十一心所中五遍行的思心所），然後轉化爲行動。意念是另一種無記的心理活動，如同記憶一般，意念具有支撐善或惡的情緒的潛力。

當我們面對不合意的事物或行爲時，會感到憤怒，因此和敵對的事物之間會形成一種聯結，這種聯結是透過內心的意念而形成的，這就是爲什麼佛陀曾教示，業是從意念開始的。

憤怒是否會變成業？這端視它在心中是否和意念有關。所有的心理活動，不論它們是善、惡或不定，當它們被意念驅動時，都有可能變成業。

我們常聽到哲學家們把第四種蘊稱爲「業」或「行爲」，反而不被稱爲行蘊，那暗示著這些心理活動就是我們身體行爲和言語表達的源頭。了知了心和各種心理活動的性質，就可以了解到我們是如何造業的，這對解脫道上的修行人來說是非常重要的。

心不相應行

第二種類型的行蘊，非精神亦非物質，它們被稱爲「心不相應行」，在論典中記載著包括了如「時間」等，十四種心不相應行。任何一種無法被涵蓋在其他種類的蘊之中的東西，都屬於「心不相應行」。

這裡重要的是，必須澄清並非所有的「行」都是「業」，只有那些與心相應的心理活動才是行爲的源頭，心不相應行不一定和我們的業有關係。

可能有人會爭辯，既然這十四種心不相應行是有條件性的、是因緣和合的事物的一部分，那麼它們必定是業的結果。時間包括了過去、現在和未來，所有的事都發生在時間中。因爲有過去而有現在，因爲有現在將會有未來，業報依存於時間中，因和果發生在過去、現在或未來。我們可以看到時間和業是有關係的，但它不一定是業的製造者，時間更像是承載著業的工具，一座展現業報的舞台。

在《心經》裡，我們所研習的「正見」（Darshana）是智慧，訓練我們用最終極、普遍、完整的方式來看事物，是了知最終眞理（勝義諦）的一種智慧。

如果想了解宇宙中的每件事物，我們可能會在有生之年一直不斷地尋求各種知識，也可能會成爲偉大的科學家。但我們在這裡向內研習著自己和所有因緣和合的事物，這種方式更具有啓發智慧的潛力。

當我們研習各種心理活動時，需要向內去觀照自己，認識自己的各種情緒。當我們發洩一些情緒時，應該試著去看看，這些情緒是否對自己和他人有傷害？是否對大家有利益？

論典常被稱爲「一切法之母」，因論典能讓我們對高深的教授有非常深入的了解。只有把五蘊中潛藏的終極智慧介紹給大家之後，我們才有可能轉五蘊成五智。五蘊的教學是一個非常重要的基礎，可以讓我們能更深入地向內觀察各種心理作用。

識

讓我們繼續來探討第五種蘊，也就是「識」蘊。正如我們已經討論過的，有六種意識（六識）對應著六種感官（六根），這六種感官就是眼、耳、鼻、舌、身和意，我們經由六根和六識來體驗這個世界。

我們有健康的眼根（眼睛和視神經），當眼根看到物體時就產生了眼識。用健康的耳根（耳朵和耳神經）聽到聲音時，耳識就產生了。品嘗某種食物時，我們的舌識會感覺到味道。

在教授中，意識有三種不同的名字，對應著過去、現在和未來。梵文「vijnan」稱爲「識」，是我們現在的意識。根據佛教的心理學，「識」是指我們當下對事物的覺知。

如果沒有過去，現在的意識便無法顯現。過去的意識也有一個名字，稱爲「意」（manas）。而現在的意識將產生未來的意識，梵文爲「chitta」稱爲「心」。取了這三個不同的名稱，以便我們能根據三世——過去、現在和未來——來區分意識。我們的基本意識是一種心續，像一條河流，其他的意識是從這個心續中表現出來的。過去、現在和未來這三個意識不同的名稱，可以幫助我們對心續有更進一步的了解。

我們的意識總是始於當下，當您覺察到事物的第一刻，那個感知是沒有任何觀念的，因此，最初的意識是沒有觀念性的。

五蘊是佛教歸類所有自然現象的方法，五蘊並不是佛陀捏造出來的，佛陀只是將所有的自然現象分類簡化，讓我們比較容易學習。

最近，我與一位理論物理學家對話，他到世界各地演講，靠數學來探索物理世界。物理學家、科學家和佛教的哲學家們都在探索相同的東西，只是使用不同的語言和系統而已。佛教典籍根深柢固地源於梵文，而梵文通常被認爲是「神聖的語言」，具有豐富的精神意義，是表達佛教哲學的一個優良工具。

科學家們嘗試著一些新的事物，做實驗和測試，發展出一套理論。佛教徒們研習了佛法之後，深思和禪修來了悟智慧。這兩種認知宇宙的途徑都是科學的，只是使用不同的方法而已。

有一些先進的科學家也成了禪修者，慈悲和智慧與科學結合在一起會發生什麼事？這是非常令人震憾的。看到先進的科學觀與佛法之間有共同點，也非常引人入勝。尖端的物理學理論非常符合佛教哲學，只是經由不同的方法來研究相同的現象。

科學和佛學理論因時代不同而有所改變，我們可以看到科學是如何在進步著，各種老舊的科學理論不斷地被否定，新的實驗持續不斷地在揭露各種新的突破。佛教根據不同的哲學家所發表的理論，也整合了各種哲學理論，產生了四種不同宗派的哲學思想。

科學家和佛教徒們，都認同各種現象是由各種因和各種緣（條件）所產生出來的。當科學家們有新的發現時，他們總是會探究這項新發現與其他物質現象之間的關係，科學也和佛教有相同的見解，那就是相互依存性。

不論在宇宙中正在發生什麼事，即使是一種自然現象，那都是由各種原因造成的。雨或火被認爲是自然現象，但都是靠著許多的原因和條件才能產生出來，它們是自然現象，但不是偶然發生的。

下雨是因爲熱氣蒸發海水，濕氣上升形成了雲所致。如果沒有濕氣、海洋或雲層，可能不會下雨。

「自然」並不是偶然產生的，是因爲相互依存而有這些現象。如果認爲自然界的現象是偶然發生的，就違背了互相對應的自然法則。我們必須在相對世界中照見最終眞理，但只有透過相互依存的關係，才能學習和照見空性。

我們的感官之所以能感受一切訊息，完全是靠相互依存的關係。爲了能夠看到，需要有健康的眼根、所見的物體和心理上的意識（編者按：根據大乘廣五蘊論中的三和合，謂眼根、色塵、意識。），如果缺少了這三種因素其中的一種，我們就不能看到物體。假如我們失明了，如何能看到物體呢？如果物體在很遠的地方，即使我們有健康的雙眼，也不可能看見它。就算這個物體是可以被看到的，而且我們的雙眼也是健康的，如果我們的心被其他的事物分散了，也可能不會看到在我們面前的東西。

這三種因素必須同時俱足才能有視覺的體驗，這就是相互依存的一個好例子，一件事物需要各種因和各種緣（條件）和合在一起才能成立。

但當我們進一步分析時，卻無法在眼根、物體和意識中找到任何一個獨立存在的東西。如果無法找到任何獨立存在的東西，那就證明了沒有固定存在的東西。當我們更深入地去探究相互依存的關係，就會更了解空性。

觀世音菩薩已經照見五蘊皆空，祂透過甚深禪定，用慧眼見到了色、受、想、行、識的空性。

在《心經》中，觀世音菩薩正在向舍利弗提示空性的智慧。觀世音菩薩已經成就了很深的證悟，因此能夠回答舍利弗所提出的任何問題。

時長老舍利弗承佛威力，合掌恭敬白聖者觀自在菩薩摩訶薩言：「善男子，若有欲修學甚深般若波羅蜜多者，應云何修行？」

舍利弗正在請問觀世音菩薩：「個人應該如何透過研習、深思和禪修來修學『超越的智慧』呢？」舍利弗想知道，他是否也能實證觀世音菩薩已經證悟的智慧？

觀自在菩薩摩訶薩告長老舍利弗言：「舍利子！若善男子、善女人欲修行甚深般若波羅蜜多，應觀五蘊性空。」

觀世音菩薩如此回答來指導舍利弗，我們和舍利弗一樣也正在修學。在這裡，善男子、善女人是指已經受持了三皈依和菩薩戒的修行人。

當我們研討《心經》時，講堂裡既沒有觀世音菩薩，也沒有舍利弗，更沒有佛陀！只有我們在這裡修學智慧。但同時我們可能成爲舍利弗，也可能是觀世音菩薩，也可以成爲佛陀。我們和這三位聖者一樣，都具有相同的佛性，不應該覺得他們和我們是分開的。

這部《心經》只是提供我們一個修行的地圖和指南，如果少了聖者們的經驗和加持，我們將會用非常長的時間來修學智慧。

有一些辟支佛（緣覺）即自證佛，沒有老師的指導也能自己證悟。他們是透過自己的禪修來發現緣起而覺悟的，通常需要修行非常長的時間才能成就，因爲他們沒有基礎也沒有任何的指導。

對我們這樣的修行人來說，《心經》能在修行上給我們很大的信心，因爲是由已經證道的人來引導我們。它鼓勵我們，如果依據《心經》中所記載的方法，走同樣的修行道路，我們也可以覺悟。

這並不表示其他的人能代替我們修行，修行道上沒有任何捷徑，我們必須自己走每一步路。如地圖般的經典不可能把智慧轉讓給我們，只能鼓舞我們成爲修行道上的旅行者。

證悟智慧必須各人自己去體驗，我們無法影印一份其他人的覺悟來當作自己的體驗，只能修習他們曾經走過的修行之道。我們必須開始實際地去修行！這就是爲什麼佛陀曾提到：「我已經指示了解脫之道，但是，您必須自己去走。」

這部《心經》聚焦在三位主要的人物身上——佛陀、觀世音菩薩和舍利弗。這三位聖者都是我們的英雄，他們可以提醒我們，大家都擁有內在的潛力，也都能夠引導我們應如何行走於修行道上，直到我們像他們一樣。

5

色即是空

色即是空，空即是色，色不異空，空不異色。受、想、行、識，亦復如是。

這是觀世音菩薩在訓練舍利弗，如何正確的來看事物。首先，《心經》中說「色即是空」，也就是用「正見」來觀照色蘊，這裡共列舉了四種色和空的關係。要超越一切邊見，就必須超越這四種色和空的關係，因此，了解這四種關係是非常重要的。

我們必須從目前的狀況開始探究，目前我們透過身體來體驗所有物質界的客體，我們能看、聽、嘗、嗅、觸，因而相信所體驗到的這些物體都存在著。

如果這些感官上的體驗，帶來舒適和快樂的感受，我們就會非常執著於這些感受。透過強烈的執著，我們生出了許多感覺和想法，接著便根據（當時的）情緒和心理狀況來採取行動和做出反應。這個過程說服了我們，誤以爲這些物質客體是固定的，並且實際存在著。因此，能進一步地詳細檢視這個想當然的假設，那是非常重要的。

這些客體只因對應著我們的各種感官而存在，我們有眼睛和心識，視覺上的物體因有眼根和眼識才可能感知它們的存在，如果沒有感官、客體和心識，就很難證實物體是存在著的。

因此，我們對宇宙的所有體驗，都是基於各種感官、各種被感應的事物和各種感官的意識，這三者相互依存的關係所產生的。例如當我看到茶杯時，就證明了這個茶杯是存在的，我也可以告訴其他人：「我看過這個茶杯，所以它必定存在。」

我們都認同茶杯是存在的，因絕大多數的人都可以看到和摸到茶杯，而且在自己的國家和語言中，它有大家公認的名稱，絕大多數的人對茶杯的用途有同樣的認知。

如果我們深入的探究，就可以了解到，假設這個茶杯是獨立存在著，它應該有普遍性，對每一個眾生來說，茶杯都應該是存在的。

絕大多數的成年人都用茶杯來裝飲料，它有實用的價值。另外，它也經常有附加的金錢價值。如果這個茶杯在家族裡已經保存了一段時日，我們可能會對它眷戀而產生情感上的價值。

從嬰兒的角度來看，同樣的茶杯可能是一個非常不同的東西。嬰兒可能會把茶杯當作一個玩具，或某種可以咀嚼的東西。對於貓或狗來說，茶杯可能被視爲其他東西。假如茶杯是本來就有而且固定的存在著，每一個眾生都應該認爲它是一個茶杯。如果它是獨立存在著，茶杯對乳牛、馬或甚至魚來說，應該是相同的東西！

動物們對茶杯有相同的價值觀嗎？它們認爲茶杯有相同的實用性嗎？它們對茶杯有情緒上的執著嗎？並不一定如此。茶杯是什麼？並沒有宇宙間普遍的共識，只有各別所投射的價值觀和相對的眞實感。

佛學家們已經把這個探究帶進了另一個層次，他們問道：「如果我們將茶杯打破成爲許多碎片，直到成爲灰變成最小的粒子時，它還是一個茶杯嗎？」

當茶杯被還原成原子變成微塵時，有人能認出它是一個茶杯嗎？我們對執著的所有物體都投射出一些價值觀，但當我們客觀地來檢視時，它們卻並不是本來就固定存在著。

我們可以證明沒有本來固定存在的東西，其中的一個主要方法，就是觀察到所有事物都在一直不斷地改變著。雖然，我們經常無法感覺到這些非常細微的變化，但依據自然法則，我們仍然可以體會每件事物都在每一瞬間變化著。任何一件被製造或產生出來的事物都會老化和衰壞，這是自然界無法被否定的事實。

所有被製造出來的外在物體，產生後都會立刻開始衰退。雖然，我們可能並不喜歡去想自己正一步步地走向死亡，但我們的身體卻正在刹那刹那間衰老著。

當我們將情緒投入在某個物體上時，會變得非常相信這個物體應該永遠存在。如果花了很多錢才買了這個茶杯，我們會期望它永久耐用。如果那是祖母的茶杯，它對家人有非常特殊的意義，就會期望這一生都能保有這個茶杯。

無論何時，當我們對某個物體投射出價值觀時，我們的執著就會試著把它變成一個永恆不變的物體。我們不只是對這個物體產生了不切實際的投影，也將自己投射成永恆的存在，只要我們還執著於這個物體，就會期望它能繼續存在，我們用這種方法來迴避無常的眞諦。

當實際狀況和我們對物體情緒化的執著互相衝突時，就會產生痛苦。因爲要求符合自己意願的東西永遠不變，我們經歷了許多痛苦。而爲了從痛苦的天性中超脫出來，我們必須體悟宇宙中的所有事物，包括自己都是無常的，沒有任何一個人能單獨存在，當我們回歸到只是無數的原子或灰塵時，人在哪兒？物在哪兒？

那時依舊穩定的，是人的空性和物的空性。但即使將茶杯打碎成無數個原子，雖然已不能辨識出這是那個茶杯，我們有時仍然很情緒化，執著在對那個茶杯的念想上。

母親節即將來臨，我一直在想念最近剛去逝的母親。我們在奧本山公墓將她的遺體火化，僅僅在數小時後，她的整個身體縮減成只有幾磅重的骨灰。幾天之後，葬儀社的人捧著一個用塑膠膜包著的盒子，來到我的住處，這個盒子只有兩三磅重，他們說：「這是您的母親。」雖然，我知道這個盒子只裝滿了骨灰，但依然對盒子裡的骨灰懷著執念。

我們在奧本山公墓爲母親建了一座塔，她老人家的骨灰現在就在那裡。可是，她並不在塔中，也不在骨灰中，但是因爲愛和執著，我們全家人在那座塔附近時，都覺得和母親非常接近。根據佛法，我的母親在幾個月前就已經再投生了，她老人家的心識已經離我們而去，然而，我們的愛和執著卻把她投影在這座塔上。

這是一個客體已經逝去，而我們仍然繼續在心中懷念著這個人或物的例子。雖然這個人或物已經一去不復返，但我們依舊不願放下心中的情感繫縛。我們還沒有超脫，還沒有放下那個人，仍然在心裡懷念著那個心愛的人。

因爲我們的執著，使心愛的人繼續存在於心中。這個因執著而存在於心中的感受，是我們修行人非常需要注意的事。這就是爲什麼我們需要禪修，來了悟一切有條件事物的無常和空性，那是唯一能讓我們超越對人或物執著的方法。

佛教徒透過禪修來檢視客體，試著對空性提出某些哲學理論。正如我們已經討論過的，科學家們也正在檢驗有條件的事物的性質。科學家用各種理論和各種實驗，試著將物質還原成最小的單位。客觀地來說，科學家們對宇宙有各種驚人的發現已經有一陣子了，但最近他們的理論和實驗開始超越物質。

近來有一位物理學家，他告訴我一個稱爲「量子眞空」的科學原理，他說現在得到的結論是所有物質都由能量組成。物理學家經由科學理論所得到的結論，非常類似於佛教徒們透過禪修所證得的體悟。

科學家們也提到，雖然物質只是能量，卻可以被觀察者改變，這種理論和佛教的說法也非常相似。在心和物質之間，哪一個是創造者？如果我們沒有心，或者我們死了，如何能體驗到物質世界呢？如果我們失明了，如何能看到各種物體呢？如果我們聾了，如何能證明有聲音呢？

假如把所有的大型物體都還原成無數的原子，那時我們的各種感官將不會找到任何一個可執著的東西。佛教哲學提到，即使是原子也不是單獨存在著，沒有獨立（存在）

的原子，原子也是由其他元素所組成的。也就是說，即使是極微小的原子也有空的性質，它並不是本有固定的。

經中說「色即是空」的意思，是指物質是無常的。宇宙中所有物質性的東西都不是實體，它們都一直在不斷地改變著。對眾生來說，因爲我們的情緒是如此的執著，所有的改變都成了痛苦的主要來源，這就是爲什麼了解色蘊（物質）的空性，對我們修行人來說是絕對必要的。

所有的物體最終都會衰亡，這句話聽起來好像人生很悲觀，但直到開始看到和接受無常之後，我們才能得到自在。

痛苦的產生，主要是由於正在發生的事實和我們的期望互相衝突的結果。當某件事物改變時，我們會感到很悲傷，因爲我們希望它和原來一樣。

如果我們禪修時觀無常和空，平時所投射的情境和實際狀況之間的予盾就會開始消失，在接受（無常）當中有眞正的自在，了知條件性存在的痛苦本質，是從痛苦中得解脫的必要步驟。

修行人不只需要消除對各種物體的執著，也需要看清楚纏繞著的情緒。正如所提過的母親的例子，心中的執著有很強大的力量，在母親已經去世後，我們對她的執著依然持續了很長的時間。佛陀之所以教導性空，就是爲了要斷除我們的執著。佛陀知道，從執著中解脫對我們的轉化昇華是至關重要的。

當我們失去財物或親人時，我們的心和情緒仍然繼續纏繞著，對那些人物或經驗有無限的依戀。只要心中還懷著那些執著的情緒，我們就無法自在。體悟物質的空性，對轉化我們的內心來說是非常重要的。如果要親身體驗自己的轉化和改變，就必須超越哲學家，成爲一個修行者。當我還是學生在印度研習各種哲學理論時，我們必須學習五種印度教非佛教的哲學思想，也必須研習四種不同層次的佛教哲學理論。

哲學系的學生們學了很多邏輯和辯證方法，可以用非常邏輯的方式，嘗試著來證明眞理。但學術界一向忽略了，如果知識不能幫助我們轉化內心，理論上的眞理只會停留在客觀的層面上，對自身的轉化和昇華沒有益處。

哲學家們也許在學術上有很高的成就，但在個人層次上，如果學術研究不能幫助他們轉化，他們的內心可能不會平靜。佛教研習哲理的目的，就是爲了轉化研究哲理的哲學家們。

沒有內心的轉化昇華，知識將純粹是紙上談兵，對大多數的學術界人士來說正是如此。哲學只是大家累積的各種知識資訊，我們往往只是像鸚鵡學語般，重複著所讀到和搜集到的知識。大家可以研究印度大師們的哲學理論，也可以學習所有西方哲學家的思想，例如亞里斯多德和蘇格拉底的學說，重複的把這些知識記載在很多本書和學術論文中，繼續將這些知識理論化下去，但如果這些理論只是知識性的思想，我們的內心就不會在這個過程中轉化昇華。

佛陀研習哲理的方式，是將知識和智慧結合在一起，最大的目標是轉化哲學家的內心。佛陀已經提供了我們所需要的所有學習方法，有四種空、四種不同層次的哲學理論、四種見道的層面——無常、苦、空、無我，以及四部瑜伽的修行方法，將這些層面融入於金剛乘各種儀軌的禪修中。

佛陀對空的體悟，不是只限於色蘊（物質），而是延伸到五蘊皆空。因此，受即是空、想即是空、行即是空、識即是空，五蘊全部都是性空。

正如我們已經探討過的，有五種感受——苦、樂、憂、喜和捨，這些感受都是相互依存的運作著。這對我們（修行人）來說至關重要，因我們無法找到獨立存在的感受，受蘊也和色蘊一樣，一直持續不斷地改變著，從來不是永恆不變的。

我們能觀察到，自己對各種物體的感受一直在改變，當更進一步深入的檢視時，會看到感受的根本性質就是苦。即使是快樂和舒適的感受，那也是一種苦，因爲如果沒有貪欲，我們就不可能有快樂和舒適的感受。而貪欲是一種破壞性的情緒，任何一種由毒素所產生出來的東西，絕對是不健康的。這就是爲什麼，任何一種舒適滿意的感受，都是即將來臨的痛苦和不快樂的種子。

佛陀曾教導，所有感受的本質都是「苦」。感受是一種苦的形式，總是一直在波動著，因此，我們無法找到任何穩定和獨立的感受。只有在很深的禪修中，當所有的感受最後終於消融時，我們將體會到受蘊的空性。

想蘊也是如此，所有的思想都是空的，都一直在改變著。思想也是各種痛苦和苦難的根源，我們看到「主義、學說、信仰、制度」是整個地球所有衝突的主要來源，這些「主義、學說、信仰、制度」包括了資本主義、社會主義、共產主義和全世界所有的宗教。薩迦派的一位祖師曾提到，「如果個人有執著，就失去了正見。」

我們因爲宗教信仰和主義思想，一直在互相爭鬥著。伊斯蘭教的兩大教派——什葉派和遜尼派，因爲彼此思想上的衝突，他們正在互相戰鬥著，基督徒和伊斯蘭教徒之間也在打仗，基督徒們也由於新教和天主教（舊教）之間長期的緊繃關係正在內鬥，即使在佛教中，南傳、大乘和金剛乘之間也有不同的見解。

站在全球性的尺度上，我們可以看到這些思想如何導致各種極端的痛苦和苦難。如果進一步審察，我們絕對無法在任何「主義、學說、信仰、制度」中，找到任何獨立存在的思想。這些「主義、學說、信仰、制度」之所以存在，只是因爲我們執著於自我和我們所投射出的信念，但我們卻無法在任何一種思想中，找到獨立存在的性質。

行蘊也是如此，業報成熟和時間有關係，因和果、行爲和反應發生在過去、現在或未來，它們都是相互依存，都在不斷改變著。這些心理活動、這些業，都是很深的痛苦和苦難的根源。

然而，我們卻無法找到任何一個獨立存在的業，業的性質也是空和無我。如同我們已經討論過的，行蘊是所有的心理活動和意念，是所有實際行爲的原動力，而行爲來自於我們內心的各種情緒和想法，當這些心理活動帶著意念（意願決斷力）時，我們就會用言語或身體的行爲來表達。

心和意識的性質也是空的，心和意識一直都在改變著，它們的性質是無常、苦，最後根本就是空。

當我們越深入探究，就越能照見為什麼五蘊是無常的，它們的本質就是在剎那間一直持續不斷地改變著。直到我們在禪修中認知了五蘊的空性，它們仍是痛苦和苦難的根源。它們的本質是空、無我，當我們了解了這個事實，就悟到了五蘊不值得我們去執著。

當我們執著一些東西時，就會把它們妄想成是永恆不變的，想永遠地保有這些東西。然而，所有的人、事、物都是有條件性的，都是由於各種因緣而產生的，都會改變、老舊和衰壞，所有的生命都會死亡。自然現象就是如此（依各種因緣而生滅），這就是為什麼所有的人、事、物，都是「有條件性」的（存在著）。

透過認知五蘊的眞實性質，我們將對空和無我有所了悟，這就是作為修行者轉化我們內心所需要的所有法門。

我們現在最強大的執著是自己，但如果深入檢視要如何來辨識自己？自我在哪裡？有一些人可能會想身體就是我，其他的人也許會以感受來定義自我，另外有一些人可能會用他們所執著的思想和觀念來辨識自我，另一些人可能會以社交活動和行為舉止來辨識自我，還有一些人可能會極端地執著於「宇宙大我」，或某種形式的心或意識。

我們對五蘊的執著非常強，而自我就是根源於五蘊，這就成了我執。因此，了解五蘊性空的本質，可以幫助我們去除自我。如果五蘊皆空，還有什麼可執著的呢？對一個修行人來說，親自體驗這個眞諦是非常重要的。我們現在透過情緒執著所看到的世界，以及經由智慧的訓練和學習所照見的世界，兩者之間有很大的差別。

正如之前所解釋過的，諸佛已經開了慧眼，那是因爲諸佛看到了我們從來沒有看到過的東西（實相）。我們只是透過投入的情緒和執著來看五蘊，相信五蘊是固定永久不變的，試著（用假相）來鞏固自己的形象。

當諸佛以慧眼照見時，他們看到了五蘊皆空，這個正見是斷除對自己的執著，以及對宇宙中一切有條件性事物之執著的唯一方法，這樣我們就可以開始消融那個由執著努力製造出來被鞏固的「我」。

當我們將五蘊融入空性時，也將自己轉化成了禪修者，斷除了我們對「有」的執著。經中這第一句「色即是空」，正是觀世音菩薩訓練舍利弗，引導他超越了「有」的觀念。

我們心中所有的人、事、物，都可以被包含在五蘊中。由五蘊所組成的身心有非常大的能力，我們可以經由五蘊組成的身心，感受整個宇宙的存在，這就是爲什麼，我們對自己和自己所擁有的財物有很強的執著，照見空性就是爲了超越這種執著。

我們即將討論另外三種類型的空及三種自在，讓我們可以從另外三種邊見中解脫出來。當我們超越了四種邊見之後，才會對空性有全面的了解。

問答

問：是否有一些佛經原典是用巴利文或梵文記載下來的呢？

答：是的，絕大部分佛教的經論原典，都是用巴利文或梵文編纂的，也有一些是用當時的古印度語文編纂下來的。

問：能聽到您談內心的轉化，絕對是有幫助的。如果了知真諦的重點是轉化哲學家和修行者，那就帶給了我希望，否則所有關於無常的討論，令我心情沉重，有些無助。當

我聆聽後，了解到專注於內心的轉化，可以使我們超越客觀的知識，以及超越對無常的恐懼。

要轉化內心，剛開始實踐起來可能有些困難，因為和不執著及放下有關係。融入空性是很難想像的，如果我們沒有概念，如何能談論內心的轉化呢？

答：開始轉化內心，其中一種比較簡單的方法，就是專注於消滅各種負面情緒，如果我們這樣做，正面的情緒就會自然增加。我們越能降低瞋恨心，愛心就會越閃耀，愛心自然會越來越大，而取代了瞋恨心。當我們越能減少自己的執取（貪欲）時，慈悲心就會越燦爛。當我們越能減少自己的愚癡時，內在的智慧之光就會更加明亮。

根據佛教，慈悲和智慧是每個人的自然狀態，這種特質是我們的真正性質，只是被各種負面情緒覆蓋住了。

我們曾經閃現愛心，可是卻仍舊有如此多瞋恨心。我們有瞬間的大悲心，可是仍然有很多執取（貪欲）。愚癡是最深廣的煩惱情緒，也是最少被覺察到的，因此，我們最難瞥見智慧。

愚癡、貪執和瞋恨，都只是各種狀況下的情緒而已，這些情緒並不是我們的真正性質，但慈悲和智慧是我們與生俱來的天性。

如果我們單純地專注於減少這些負面的心理狀態，我們將會發現自己的眞正性質。如果我們用心消除這些破壞性的情緒，內心的轉化將會很自然地發生。

問：阿羅漢是否會照見四種類型的空呢？

答：不會的，阿羅漢可能只觀照到第一種類型的空。之所以有四種空，那是因爲有四種不同層次的覺悟，也就是阿羅漢、辟支佛、菩薩和圓滿覺悟的佛。到目前爲止，我們只研討了第一種層次的空，這就是阿羅漢所證悟的。南傳佛教相信涅槃是最究竟的狀態，這和第一種空相應，而大乘和金剛乘覺悟的最終目標是超越輪迴與涅槃。

問：喇嘛，請您多講一些關於希望和絕望的議題好嗎？我曾經是個充滿希望的人，可是感到已經失去了那種積極性。以前我每天早晨起床時，對新的一天充滿熱忱，有目標地生活著，並且對自己比較滿意。但是，近來感到曾經賦予我生命意義的某些解決問題的方法和方案，似乎對我沒有什麼幫助。因此我就想，我該怎麼辦呢？我一定要去見喇

嘛密格瑪！我想知道，如何能再充滿希望？

答：必須有一個值得我們充滿希望的事物，讓我告訴您一個故事。有一次，印度正鬧著大饑荒，每個人都快餓死了。當時有一個家庭，家裡有幾個孩子，一天，孩子的父親想到了一個好方法，他把一些沙子包在一個布袋裡，將布袋懸掛在孩子們床鋪上方的天花板上。他說：「孩子們，你們現在不需要感到絕望！因爲我們還有食物存放在那個布袋裡。當我們感到非常飢餓時，可以吃布袋裡的食物。」

孩子們就相信他了，繼續充滿著希望，他們生存了很多天。有一天，這個布袋突然從天花板上掉了下來，孩子們看到布袋裡只裝著沙子，他們都感到非常震驚和絕望，立即就死亡了。

這個故事有一個很重要的訊息，如果您對值得期望的某個事物充滿希望、對愛和慈悲充滿希望，這種期望就會幫助您越變越好。如果您將所有的期望，都放在不眞實不值得希望的事物上，那麼只是時間長短的問題，總有一天您會發現那只是沙子。

問：如果孩子們沒有看到布袋裡的東西，就不會失去他們的希望，是嗎？

答：不論是何種事物，如果我們對不值得的事物抱著期望，最後都會被揭露出來。對某些人來說，也許需要很長一段時間，才知道這個布袋裡只裝滿了沙子。甚至有些人要等到死亡時，才了解到他們所希望的事物是錯的。如果希望永恆存在，當面對無常瀕臨死亡時，就會感到非常困惑。

問：請問什麼是有價值的事呢？

答：對佛教徒來說，成佛的心願就是值得期望的事。

問者答：證悟成佛太難了啊！

答：任何值得我們期望並且正確的事，完成起來都有些困難！但是，我們不應該被艱難壓垮，必須堅持下去。如果感到鬱悶或精神不安時，應該尋求幫助，我們必須先有健康的心理才能修行。我們也需要有好的頭腦，如果疾病使頭腦混淆不清無法禪修時，我們必須尋求支持和幫助。

有一位優秀的哈佛心理醫師說：「佛教徒太強調達到無我和無私的境界，但如果有些人還沒準備好，如果他們的自我不健全時，將會非常不穩定。」

這點是很重要的，我們必須先有相當程度的（身心）健康和自尊自信，才能穩定的超越自我。在我們準備禪修之前，必須能正常的生活，必須有某種程度的精神力量。聽起來好像有些自相矛盾，可是，您一定要先使自己強健起來，準備好了之後，才能修習放下對自我的執著。當您的自我和我比較強健時，就能用這個力量來照見自我和我的眞實性質。正如您需要一部好車來長途旅行，您也需要有健全的自我來禪修，這席話對西方世界眞是個好忠告。

在西方世界裡，心理諮詢有很高的評價，並且廣泛地被人們所接受。在東方，大家幾乎很少聽到心理諮詢，我們所談論的內心修養，靈性的成分比心理學多。

然而，我們現在也看到了西方的一些改變。哈佛頂尖的心理諮詢醫師們成立了一個內觀禪修組，這些醫師正在修習正念禪修。其中一位是我在哈佛的朋友，他寫了一本書，書名是《善待自己》（*Self-Compassion*）。他說，在過去的二十幾年裡，他已經爲其他人做了不少心理咨詢，現在發現必須對自己慈悲一些！我們自己必須強健，才能維護其他人，才可以超越自己。

6

空即是色

色即是空，空即是色，色不異空，空不異色。受、想、行、識，亦復如是。

《心經》裡的智慧不但甚深且很重要，可以使我們超越輪迴和涅槃，成就圓滿的覺悟。

爲了達到圓滿覺悟，我們需要超越「四種邊見」。經中所說的「色即是空」是超越第一種邊見，也就是「有」。經中說的「空即是色」是超越第二種邊見，那就是「無」。經中說「色不異空」是超越第三種邊見，也就是「亦有亦無」。而「空不異色」是超越第四種邊見，那就是「非有非無」。

佛學家們將有、無、亦有亦無、非有非無，稱爲「四種邊見」，這些邊見潛藏著讓我們看到眞相和覺醒的極大可能性。一般人並不在意眞實現象，大多數的人只對自己的感受感興趣，生活的動力是希求得到快樂和舒適，並不急著去思惟這四種見解。

當我們開始學佛修行時，就成爲了非神論宗教的一份子。當您走進精神生活時，就象徵著您想追尋更深的眞理。爲了探究眞理，佛教徒們已經研習，並且發展形成了非常詳盡的哲學學派。

釋迦牟尼佛出世前，印度已有許多非佛教的哲學理論。在印度的藏傳佛教僧尼教育裡，也把一些其他的印度哲學理論訂爲必修科目。

在佛陀時代的古印度時期，當時有六派哲學理論，其中有許多探討哲學理論的方式，是知識性和學術性的。正如我們已經討論過的，這種研究哲學的方式，很少能將哲學家轉化。當只研究哲學理論而沒有任何禪修或智慧的修學時，就有落入這四種邊見的危險性。

那些內心沒有轉化昇華的哲學家們，他們非常執著於一些「學說」的枝微末節，極端地把那些思想當作自我。無論何時，當我們被自己執著的想法局限時，我們所研究的哲學就不能轉化爲智慧，那只是知識的累積，絕對不能幫我們超越邊見或成就任何解脫。

我們能看到，執著各種想法如何在哲學家和學者們之間，製造出諸多衝突。當我們固執於自己的想法，並且相信自己的理論更高超時，就形成了知識性的爭論。在心中沒有偏見且已經轉化昇華的修行者之間，這種爭論不會發生。

如果研究古印度的六種哲學，包括佛教或非佛教的，我們將看到其中有許多限制。在這些哲學理論裡，隱藏著許多危險，讓我們陷入永恆主義（有）、虛無主義（無）、兩者皆是（亦有亦無）、兩者皆非（非有非無）的邊見中。

研究所有的哲學理論，對深入地研習這四種空會非常有幫助。我們可以研究世界上主要的一神論宗教，例如猶太教、基督教和伊斯蘭教，探究這些哲學和宗教是否能培育人們轉化內心。我們能在所有的宗教裡，看到潛在的邊見，也能看到所有宗教裡深層的信息是否純淨？信仰具有引起邊見或培育我們轉化內心的潛能。

如何將知識轉化爲智慧呢？（爲了將知識轉化成智慧）我們需要禪修的訓練，也需要修學戒律。這就是爲什麼，佛陀將三學（戒、定、慧）介紹給大家，我們的修持需要智慧、戒律和禪定三學的訓練，才是全面完整的。

如果禪修而沒有智慧的導引，可能會變得非常盲目！對修學戒律來說，也是同樣的道理。如果您執著於所受持的戒律，那麼，這些戒律可以幫您積累一些福德而往生善道，但不能幫您成就圓滿的覺悟。

如果我們非常執著於所受持的戒律，可能會變成走極端的人。對禪定來說，也是如此。如果修止有非常好的經驗，我們可能會希望停留在這種一心不亂的甚深禪定狀態裡，由於這個原因，將來可能會往生色界或無色界。因爲您太執著於禪定的經驗，因此，這種止的境界不能幫助您超越輪迴。

修學智慧、禪定和戒律的目標是超越四種邊見，只有這樣，三學才能變成深層的轉化自我和走向覺悟的方法。

在般若波羅蜜多的智慧修學中，顯示了四種空來消弭四種邊見。修學智慧的目標是成就圓滿的覺悟，目的是超越自我和所有現象，而從四種邊見中解脫出來是這個過程的關鍵。

我們需要依個人的程度來修學智慧，也需要修學每一種空，將空的覺照帶進生活裡。當我們說「色即是空」時，應該練習照見物質世界的空性和所有感官的空性，在心中修習，將自己所有的資產回歸爲塵土。如果能把珍貴的財物還原成原子，我們就能開始斷除對那些資產的執著。

日常生活中，物質客體對我們來說是很重要的。無論何時，當我們情緒化的執著於某個物體時，就會產生很多感受，而我們對人有更強烈的執著，因此，個人的人際關係是各種感受的最大來源。

爲了消弭這些與外在客體有關的感受，我們應該記住感受是空的，受蘊的眞正性質是空性。我們因爲對人、事、物投入情緒，以及業力的牽引，而產生了各種感受。貪執根源於能給予我們舒適和快樂感受的人、事、物，當某些人、事、物開始帶給我們很多痛苦或苦難時，就會產生厭惡感。因爲根深柢固的愚癡心，我們對其餘的人、事、物，會產生不苦不樂中性的感受（捨受）。

感受是我們生活的一部分，我們對那些帶給自己快樂的人、事、物給予很高的評價。我們喜歡自己的房子、自己的車、自己的財產。我們愛自己的兒女、自己的伴侶、自己的朋友。當這些同樣的人、事、物不再符合自己的心意時，可能會突如其來的帶給我們痛苦，使我們感到厭惡。當房子需要昂貴的整修時，或兒女長大成爲具有挑戰性的青少年時，我們會突然覺得很不快樂。

正如我們已經討論過的，感受是相互依存的，並沒有獨立存在的性質，它的本質就是空性。我們對那些帶給自己正面感受的人、事、物有較高的評價，但那並不表示這些正面的感受會持續不變。

如果想進一步探究各種感受，我們必須探討想蘊，它的眞正性質也是空性。因爲沒有覺察到空性，我們執著於一個想像出來的主觀自我，我們相信這個我有衡量他人和其他事物價値的能力。

基於自己的業力，我們和有緣的眾生及物體互動著。因爲有共同的業，我們可能會覺得某人特別親切。由於辨識出某些特性，當我們對一個人有認同感和熟悉感時，會立刻感到和他或她非常親近。

我們根據各種特性來做辨識，由於那個人獨特的特性，我們會賦予某些價値在他或她的身上，而產生出一種自然的聯結。

如果更深入的去審視自己對各種客體的投影，我們不能找出任何本來就有且固定的性質。對於一個人是好人或壞人，並沒有普世公認的共識，自己最好的朋友，可能是另一個人的死敵，我們並不是依據究竟的眞諦來投影和認知的。

思想引領我們進入了第四種行蘊，包括所有的行爲和反應所造的業。當我們有很好的感受時，會貪求更多正面的經驗。如果不快樂和痛苦時，我們就會做一些事，來避免或拒絕苦的經驗。業起始於行蘊，但行蘊沒有任何獨立的存在性。

根據佛法，主要的創造者是第五種識蘊。我們最初體驗到的識，是六識因六根的感知而生起。正如我們已探討過的，最初一瞬間所感知的印象，沒有任何觀念。但是，這個最初印象是從我們染污的情緒中產生出來的，因此，即使是這種沒有觀念的狀態，也不是清淨的。

根據佛教心理學，在我們感官的所有經驗裡，都有識的作用。緊接著最初一瞬間所感知的印象，會在自己的頭腦裡產生影像。

我們已經討論過，意識包括過去、現在和未來的心識，如同連續的流水。我們現在經由感知所搜集的任何訊息，都會變成未來的心識，而現在的心識，是從過去的心識來的。心識繼續流轉於精神的層面上，基於心識和時間的關係，我們能證明有前生和來世。

從四種邊見中解脫出來，也就是超越了所有過去、現在和未來的色、受、想、行、識。當我們情緒化地捲入五蘊中時，就不能自在解脫。我曾經提過一個對母親執著的例子，但您可以憶起任何一個心愛的人或物，來體會這種執著有多強，即使在他們消逝了很久後，我們會發現在有生之年，自己仍然一直在心裡想念著那個心愛的人或物。

我們所執著的一切有條件的人、事、物，最後都將老死和衰壞。即使心愛的人已經逝去，我們依舊會在夢中見到他，看起來還是栩栩如生。有時母親會在我的夢中出現，雖然，她老人家的身體已經化爲灰燼，神識已經再投胎了，但因爲對她老人家的愛和牽掛，我可以在心中很清楚地看到她，我的牽掛保持住了生動的影像，使母親繼續留在自己心中。

雖然客體已經不存在了，精神上的影像仍然強而有力地存在於我們的記憶中。我們可能會以爲這就是第二種空，也就是「空即是色」，可是並非如此。因爲，由於執著而從空中產生出來的影像，並不能讓我們解脫自在，我們還沒有放下就沒有空。

佛陀之所以開示第一種空「色即是空」，主要的原因是爲了超越「有」。我們因爲投入情緒，而產生了「有」的邊見，無論客體是否已經消失，對我們來說都不是空，因爲自己還沒有超越「有」的邊見。

這並不只是科學或哲學理論，是我們可以在生活中直接體驗到的。情緒化捲入的程度，會影響自己內心的轉化，只要還執著於任何人、事、物，就證明自己還沒有超越第一種「有」的邊見。如果任何人、事、物仍然存在於我們的心中、感受中、思想中或行爲中，我們就還沒有超越「有」。

我們之所以執著那些外在的客體，它的根源是我們的主要執著，也就是對自我和身體的執著。我們的身體需求愉悅、舒適和滿意的感受，對迎合五蘊身心的東西有很大的胃口。

一位印度大師曾經提到，我執是輪迴的根源，這個主要的執著，孕育出我們對外界其他人、事、物的所有執著。我們可能會認爲，自己對他人的執著是一種無私的愛，但除非它根源於智慧和慈悲，否則那是非常自我中心和主觀的。

我們都想永遠活著，也希望自己心愛的人永遠活著，當這個永恆存在的觀點受到威脅時，會感到劇烈的痛苦和折磨。對自己有很大的執著是陷在輪迴中最主要的原因，我們必須修習甚深禪定，才能開始將這個「我」消融。

有一句梵文諺語，「只要有信心，神必定與您同在。」也就是說，只要有信心，我們的心就會投射出所相信的神。

當您愛某人時，就希望那個人永遠不變且永遠活著。您也可能會執著和信仰有關的物體，例如神像或佛菩薩像，我們對自己內心創造出來的東西最執著。如果不能藉著信仰來超越第一種「有」的邊見，我們的信仰可能會變得狂熱和不穩定，成為引起可怕衝突的原因。

一旦照見了五蘊皆空，您就能體證涅槃。如果是南傳佛教的修行者，您可以修「止」和「內觀」禪來證入涅槃。

我們在這裡所研究修習的智慧，不但能幫助我們超越輪迴，也能幫助我們超越涅槃，超越了輪迴和涅槃，就可以超越辟支佛和阿羅漢的境界，成就圓滿的覺悟。

問答

問：請問喇嘛，第四種空「空不異色」，是為了幫助我們超越第四種「非有非無」的邊見嗎？

答：是的，稍後我們會進一步詳細解說，第四種空最重要也最微妙。《心經》是大乘佛教經典，雖然我們正在探討空性，但對我們來說，它依然非常微妙。我們所修持的各種儀軌，也是為了要超越四種邊見。修持儀軌是一個非常好的方法，能引導我們超越四種邊見和四種空。

您所問的第四種空，它和修持一般日常儀軌之後的座下瑜伽相應，可以融入個人日常生活中的修持裡。透過這樣的修持，我們可以有某些關於如何超越四種邊見的個人體驗。修持儀軌能幫助我們將智慧的修學融入個人的生活裡，不再只是一種觀念性的理論。

問：佛教中觀派的理論，會不會落入四種邊見裡呢？

答：以中觀只是一種哲學來說，它有可能會落入四種邊見中的一種邊見裡。但根據薩迦派對中觀的理解，中觀是超越四種邊見的一種自在，這種自在只有經過修持才能成就。如果沒有任何修持上的體悟，卻執著地認爲只有自己的哲學理論才是最好的，那就沒有超越這些邊見，超越的自在必須經由禪修才能體悟。

即使在中觀裡，仍然有激烈的哲學辯論。格魯派認爲自己對中觀的理解是最好的，薩迦派也認爲薩迦對中觀的理解是最好的……等等。

藏文裡有一個佛學專有名詞「仁通」，意思是自我的空。另外有一個專有名詞「仙通」，意思是其他所有客體的空。還有第三個專有名詞「突卓」，意思是從各種邊見中解脫出來。

有些哲學家聲稱，他們已經從四種邊見中解脫出來了。但如果個人仍舊執著於任何一種結論，這種執著就變成了解脫的障礙。

所有的哲學家，似乎都活在自己所執著的想法中！一旦投入了「自我」和「我」，就會一直尊崇自己的觀點，這是自我的作用，也是爲什麼禪修和消融自我對個人的轉化昇華是必要的。

問：請問喇嘛，我曾經聽說，可能有執著於禪修的危險性。我們要如何超越對修行的執著呢？

答：修止可以使所有活動的情緒沉靜下來，但修止並不能將各種潛在的情緒根除掉，這就是爲什麼我們需要修習內觀禪。

現在有許多人，只是用修止和內觀禪的方法來紓解壓力。當內觀禪只是用來紓解壓力時，就不需要修四念住。如果缺少了洞悉無常、苦、無我和空的訓練，就不能經由修習內觀禪來體悟空性。如果禪修只是爲了紓解壓力，就可能會執著於所體驗到的寧靜和放鬆的感覺。

修止可以產生身體上的鬆弛和舒適感，您可能會變得執著於那種沒有痛苦的經驗，想永遠地停留在那種狀態中，這種執著會阻止您無法更進步，而不能得到內觀禪的實質體驗。

您所修持的止可能非常深而穩，可能有九個階段的體驗。最後一個階段藏文稱爲「新健」，意思是「身輕安和心輕安」。您可能會希望在輕安的狀態中停留很長的時間，這將阻止您更進一步的去轉化內心。

修止必須修習內觀禪來做輔助，如果是金剛乘的修行者，在生起次第的修持裡，一定要觀想得非常清晰，這等同於止的修習。當發展爲圓滿次第的修持時，就等同於內觀禪的修習，這是儀軌如何訓練我們來超越的例子。

禪修的目的是爲了成就圓滿的覺悟，在禪修的路上，無論何時，當您執著於任何一種經驗，例如寧靜、喜悅或極樂時，就會阻止您去超越。這就是爲什麼，金剛乘無上瑜伽的灌頂中，有四種喜悅的層次，包括無喜的喜「離喜」和超越喜悅的喜「俱生喜」，那是在提醒我們，不要執著於任何境界。

7

色不異空

如我們在前面幾章討論過的，《心經》中有四種類型的空。爲了能體驗到一些內心的轉化，我們必須學著去照見「色」、「受」、「想」、「行」、「識」五蘊皆空。五蘊也被稱爲五陰（蘊的梵文是 skandhas），包括了宇宙中一切有條件的事物。

「有條件的事物」是指由各種因和各種緣合和而產生出來的現象，包括了所有相互依存和二元性相對的東西，不僅包括了我們的身體（色），也包括了我們的感受（受）、思想（想）、行動（行）和心識（識）。我們的行動是第四種「行蘊」，也就是所有身、語、意的行爲和活動。我們不僅需要了解自我的空性，也必須了解宇宙所有現象的空性。

基於習氣和情緒，我們以爲五蘊是本有固定眞實的存在著。五蘊在相對的層次上是存在著，我們確實有房子、車子、身體，可以用自己所擁有的東西來完成一些事情。對我們來說，這些物質性的東西是有價値的，因此，我們會情緒化的捲入其中，非常相信這些物體是獨立地存在著。

禪修是檢視五蘊眞正性質的最好方法，禪修越多就越難找到任何獨立存在的性質，我們可以再次用茶杯來做說明。

茶杯之所以存在，那是因爲組成茶杯的原子聚合在一起的緣故。茶杯有它的實用性，我們可以用茶杯來喝水或喝茶，它也有金錢或情感上的價值。但是，如果將茶杯打破成爲很小的碎屑時，我們就看不到茶杯了，只剩下最微細的原子塵埃，在這些原子中已無法找到茶杯了，在這兩者之間哪個更眞實？是茶杯或是原子呢？

在這兩者之間，原子可能更眞實，即使茶杯已經成爲灰燼，原子卻依然存在著，而我們已經不能在這些原子中找到茶杯了。所有物質性的東西都是由原子所組成的，我們必須更進一步的去探尋原子的性質，而我們發現即使是原子，也是因爲相互依存的關係而存在著，這就證實了「色即是空」。

如果我們有某些禪修上的體悟，就可以開始照見五蘊的空性，減少對五蘊的執著，那時對自己和財物的執著就消失了，而這種轉化只有透過修行才會發生。

學者們經常將一切物質都還原成第一種空，也就是「色即是空」。有些研究佛教哲學非常著名的哲學家，試著將「空」總結，成爲否定色、受、想、行、識；否定所有一切事物的存在。但如果更進一步地去修持，並且從四種邊見中解脫了出來，我們絕對不會下這種結論——「空」（shunyata）就是否定所有的事物！

西方世界的人們經常對「空」有很大的誤解，因爲他們還沒有超越四種邊見。如果您陷在第一種空裡，可能會把「空」理解成「無」，尤其是從那些有神論的宗教觀來看，「無」可能會被曲解爲虛無主義，那是很危險的，因爲當您認爲虛無（什麼都沒有）的時候，很可能會對任何事物都失去信心，甚至可能因此而失去了信仰。

虛無主義也有使您成爲自戀狂的危險性，如果您對任何事物都沒有期望，因爲所有的一切最後都是「無」，認爲無法成就任何事，您可能會只追求快樂，可能會想「不如我就放縱自己去盡情地享受，反正所有的一切都是沒有意義的」。

「無」的觀點也可能使某些人不相信因果業報，變得無法無天。他們認爲如果所有的一切終究是無，因果就沒有任何力量，因此決定胡作非爲，因爲不相信有任何後果，而去做任何他們想做的事。

甚至有些自以爲是的佛教徒，認爲只有當下是存在的，如果能一直停留在當下，那就太完美了！在很深的禪定中，我們可以停留在當下，但在其他時候，我們的頭腦裡充滿著對過去和未來的妄想。這些人可能會相信沒有業報和來生，如果這些佛教徒不能在這一生證悟成佛，他們未來所面對的將會是失望。

即使我們接受「色即是空」，但根據佛陀的教導，如果變成執著於這種空，我們的修行將不會有任何進步。如果您認爲空性存在（有）或空性不存在（無），就落入了一種邊見。

佛陀曾教導我們，執著空也是一種邊見。《心經》的目的並不是爲了入涅槃，般若波羅蜜多「超越的智慧」是爲了超越輪迴，也是爲了超越涅槃。

透過五蘊皆空的禪修，我們可以證入涅槃，然而《心經》的目的是超越輪迴和涅槃，達到圓滿的覺悟。爲了達到完全徹底的證悟，我們必須超越一切和屬性及特質相關的想法。

在西藏有一個佛學專有名詞「僧托」，意思是「根據特性而產生的概念」。我們必須超越因自己的想法而投射出來的各種特性，也必須超越四種邊見。在一部經中佛陀曾提到，即使是有修行的大瑜伽士，他們能夠超越我執，卻很難超越對空性的執著！

涅槃就是一個好例子，對南傳佛教徒來說，涅槃是修行成就的最終境界，然而對成就了圓滿覺悟的大乘佛教徒來說，他們已經超越了輪迴與涅槃，因此，甚至是涅槃也可能成爲一種邊見。

第二種空「空即是色」是爲了對治對無的執著，避免虛無主義。我們對第二種空的了解和各人證悟的層次有關係，因此，有很多對於第二種空的討論和辨證。第二種空的主要目的是超越第二種邊見「無」，能讓我們超越對空的執著。

正如前面已經提到過的，想整合對四種空的認知，其中最好的方法就是透過日常儀軌來禪修。儀軌中的整套前行，可以依個人的程度，經由累積福德和智慧來了知「色即是空」。

累積福德是爲了彌補我們過去所積聚的惡業，在過去的年、月、日裡，甚至在許多過去生中，我們因各種負面情緒，經由身、語、意造了非常多的惡業。

我們一定要改變自己的習氣，以信心、愛心、慈悲和智慧來造善業，不斷地反覆修持來累積福德資糧。包括四加行等，所有的前行都是基於信心和虔誠，透過一再反覆的修持來薰習培養自己的愛心、慈悲和智慧。透過這個程序能增長善業、淨化惡業，我們就會開始發現自己的內心有了很大的轉變。

唯有在淨化了惡業、累積了更多善業和功德之後，我們才打好了「照見空性」的基礎。多生多劫以來，我們經歷了數不清的破壞性情緒和惡業，因此，需要一個非常強有力的修行方法來淨化這些惡業，修持四加行就是其中一種最好的方法，可以讓我們照見五蘊皆空。

淨化了一些惡業的徵兆，就是發現自己對五蘊身心的執著減少了，那時可能有機會一瞥內在虛空。在內在虛空裡，您找不到自己的身體、感受、想法、行動或心識活動，一瞥念頭與念頭之間的內在虛空，就見到了眞正的空性。

這時我們在儀軌修持中誦觀空咒「嗡　梭巴瓦　秀打　沙瓦達瑪　梭巴瓦　秀多罕」，從空性中將自己觀想成所修的本尊（生起次第）。如果我們修度母或金剛瑜伽母的儀軌，就從空中將自己觀想成度母或金剛瑜伽母的身形，這個觀想本尊生起的階段和第二種空「空即是色」相應。

依據金剛乘佛教，五蘊都具有佛性，這就是爲什麼有五方佛（五智如來）和五蘊相對應，在很多高深的儀軌修持中，都有五方佛的觀想。五方佛象徵著我們的身體具有佛的空性，我們的感受、想法、心理活動及心識都是空的，都具有佛性。

如果我們依照瑜伽行者修行之道去修習，那麼「空」就不只是一種理念，它不是索然無味的哲理，而是轉化個人內心的一種修持，它是讓我們覺知自己已經是佛的一種方法！

當您在儀軌修持中，從虛空中將自己化現爲本尊時，這座本尊稱爲「空性本尊」（沒有實在性的形體），您可以將五蘊涵蓋在空性本尊裡。「色即是空」與「空即是色」之間的差異，就是第一個色是我們的身體，那是從「自我」（爲中心）創造出來的，但第二個色是從空性的智慧產生出來的。本尊在第二個空中生起，那並不是自我創造出來的，空性本尊的形體並非根源於自我，而是根源於空性的智慧。

空（無自性）的形體是形體的眞正性質，這就是爲什麼我們禪修觀想所生起的本尊稱爲「空性本尊」。我們的身體是自我創造出來的，而空性本尊是從智慧生起的。「色即是空」是基於自我，而「空即是色」是基於智慧，第二種空並不是否定（空），而是依智慧來展現空性。

當您對修持生起次第有更多體悟時，會更確定空就是形體（色）。您可以閱讀上百種哲學書籍，也可以研讀關於這四種空的所有《心經》論典，但如果沒有實際的修持，就不能把空性的智慧融入日常生活裡。除非我們透過儀軌將這些認知帶入自己的禪修中，這四種空似乎非常矛盾和令人困惑。儀軌中修持的順序，將會按部就班的引領我們去超越四種空和四種邊見。

《心經》裡的智慧是爲了完全地超越個人的自我（我空）、超越所有現象的我（法空——超越一切事物都有實體性是常住不變的執著），以及超越所有的想法和特性（空空）。在儀軌的修持裡，當我們將自己觀想成本尊時，比執著自己的普通肉身有更深一層的含意，把自己觀想爲「本尊」的唯一目的，就是爲了超越對一般五蘊所組成的「我」的執著。

現在的這個「我」是自己的宇宙中心，當任何人威脅到自己所想像的「我」時，就會感到厭惡，這就是「我」和「他」之間所有衝突的根源。我們都有貪執和厭惡感，這兩種心理作用一直都存在著，愛和恨主導著我們的生活，我們愛自己的自我，無論何時當自我被威脅時就會憤怒。我們也有苦、樂、憂、喜的感受，這些情緒根深柢固於自我，我們的生活因此而充滿著各種衝突。

如果自我滿足了，我們會感到非常快樂。當其他人支持「我」時，我們會非常歡喜。如果自我無法被滿足、自我受到威脅時，我們可能會很生氣。當某人批評自己時，我們會感到非常痛苦。

當我們把自己觀想成「空性本尊」（空的形體）時，就能看到自己是清淨的佛身，讓自己超越這些衝突。我們也可以修心，觀想其他所有眾生都是清淨的佛身。我們能不斷地淨化自己的心，達到整個宇宙都清淨的程度。

這已經不只是一種哲學概念，整個密續的禪修儀軌之所以被發展出來，就是爲了把四種空融入我們的生活中，讓我們能親身體驗這種轉化和智慧。

問答

問：為什麼我們不透過一種更投入社會的修行方式來累積功德呢？

答：您是問：「爲什麼我們不以服務他人的方式來累積功德嗎？」我們可以參與社會服務來累積功德，但是，首先必須具備某些有益的東西，可以提供給大家，而且不是以自我爲中心（無我的）來施予。

我有一位學生，在卡崔娜颶風過境後，到紐奧良做義工。但是，當她抵達那裡時，由於見到人們極端痛苦的情形，讓她不知所措，無法正常地工作，連她自己也需要人幫助了！她帶著很好的動機去服務，可是，那裡的情形如此可怕，擾亂了她的整個精神，因而無法幫助任何一個人。

這就是爲什麼，我們自己一定要先打下強而穩固的基礎。修四加行和閉關能建立一些沉著冷靜、精神穩定的特質，讓我們能很明確地去幫助他人。如果想眞正的幫助病人，首先自己必須健康，如果自己也病了，那就不能服務任何人了。

我經常聽到西方人責難佛教，他們問：「在這個眾多苦難的世界裡，只專注於自己的修持，會不會太自私了呢？我們不是應該積極地對社區做一些正面貢獻嗎？不是應該爲他人服務嗎？」

如果我們還沒準備好，就不能眞正地幫助他人，因此，我們必須修持四加行和參加閉關來強化自己的心靈。如果有強而穩定的精神力量，當我們走出去服務他人時，就可以完成更多任務。透過修行能增強我們的內在資源，也能更沒有私心，無我地去幫助他人。

否則，缺少了明確的發心和智慧，我們希望幫助他人的心願，可能會造成更多問題。有時我們會看到和平主義者，藉著和平之名來抗議遊行，當警察驅散抗議的群眾時，那些群眾爲了自衛而反擊，變成了暴力行爲。這就是一個好例子，如果不是發自於成熟的智慧和慈悲，我們的努力可能會適得其反。

佛教提供了三乘的修持方法。首先，南傳佛教非常著重於不造惡業，這些戒律包括了不殺生、不偷盜、不妄語……等。僅僅靠著遵守這些戒律不去造惡業，我們就能變得更強健，可以在生活中產生造善業的新空間。如果能不殺動物，我們的慈悲心和幫助動物的心就會自然而然地增長。

有一些住在佛羅里達礁島群的學生曾告訴我，「我眞的很想成爲佛教徒，可是我不能皈依，因爲我不能不釣魚。」有許多人像他們一樣，想修改佛教的誓願來包容自己的嗜好，希望自己成爲一個特例。這就像在和佛陀討價還價，只要仍然可以殺魚，他們才願意守不殺生的戒律！

問：請問喇嘛，您可不可以對「特性」多講解一些呢？

答：可以的。在英文裡我們用 characteristics（特性）這個字，藏文稱爲「僧瑪」。當我們探討其他邊見時，會更深入地來解說。

在修持儀軌時，如果您觀想的是度母，就專注於度母的各種不同特性來禪修。從中間的智慧之眼開始觀想，之後觀想右眼，然後觀想左眼……等。

您必須這樣仔細地觀想來修習，但是，如果執著於度母的特性，您就不能超越，不能照見空性。如果執著於度母的身形，那麼您只是把對自我的執著，轉變成對神聖度母的執著，這是因特性而產生的執著。

問：覺知空性，是為了讓我們不執著五蘊嗎？空觀是為了停止我們的執著，因此而能夠超越嗎？

答：那只是其中的一個層面，它的目的更勝於此。了悟空性的目的，是經由禪修來成就圓滿的佛道。爲了成就圓滿的佛道，我們必須超越所執著的一切事物，無論存在（有）或不存在（無），二者皆是（亦有亦無）或二者皆非（非有非無），我們都必須超越。我們不只是執著於有形的物體，也不只是執著於無形的事物，透過各種妄想和情緒，我們會對無限多的對象產生執著，這些執著都可以被涵蓋在「有」、「無」、「亦有亦無」、「非有非無」這四種邊見中。

我們現在研習《心經》中的四種空，就是爲了對治這四種邊見。除非我們已經超越了這些邊見，否則，我們的心就沒有自在解脫。空的目的是爲了成就圓滿的覺悟、超越輪迴和涅槃，我們正在訓練自己去超越羅漢和辟支佛的涅槃境界，爲了能夠成就圓滿的佛道，我們在這裡修學。

這是非常深的，有很多（關於《心經》）的教授，如果能閱讀且研習《心經》，我們將會獲益良多，有些人甚至說《心經》是一種自我的心靈療法。

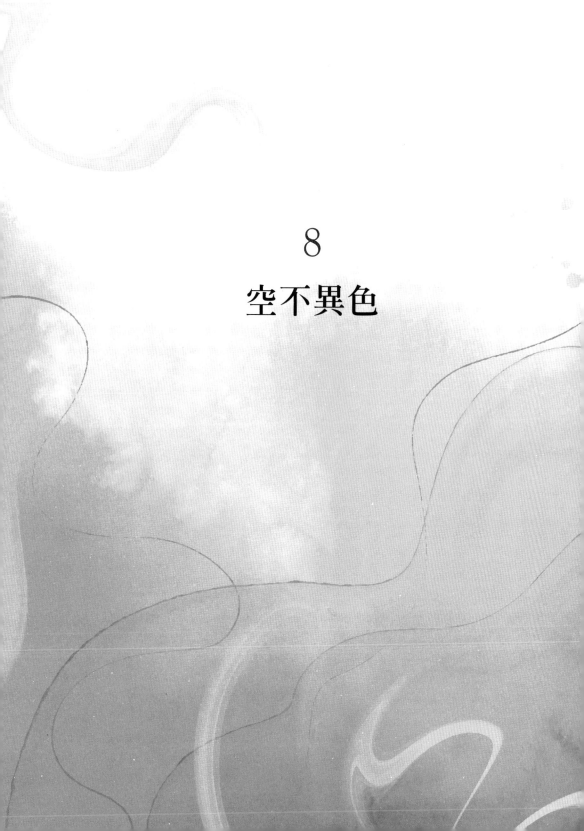

8

空不異色

無論我們如何研習，除非禪修有了「空」的體驗，否則，都只是一種知識理論。我們研習的目的並不只是客觀的研究，而是爲了啓發自己，能親身體悟空性。

我們是否會繼續執著於「有」？或是否能超越「有」？這和投入情緒的多少有關係。正如我們已經探討過的，五蘊涵蓋了一切有條件性的東西，而五蘊對我們來說是否存在？這完全取決於自己投入了多少情緒。

由於自己強烈的我執，因而產生了各種破壞性的情緒，又因爲各種破壞性的情緒，我們造了各種業。破壞性的情緒和所造的業，是我們輪迴的兩個主要原因，而這兩者都是源於自我。

瑜伽士和修行者必須檢視「我」和「自我」是否眞實固定的存在著？然而，我們越深入地檢視，就越無法找到一個固定本有的「我」。當我們無法找到「我」時，可能會下「我不存在」的結論。但這種邏輯性的推理，並不表示您已經成功地消除了「我」和「自我」的執著，唯有透過深入的禪修，才能親身體驗「無我」。

儀軌修持中的前行分爲兩個部分，就是累積福德資糧和累積智慧資糧。我們用這個方法，來對治多生以來所積聚的所有破壞性的情緒和惡業。

當您透過修行，淨化了所有破壞性的情緒和惡業時，就可以開始體驗某種程度的內在虛空。當您經由禪修一瞥內在虛空時，會更深入地體驗到色蘊的空性。當您的福德資糧非常充足，已經淨化了所有的惡業時，您將第一次消融對自己的執著。

對空性初次的一瞥，並不會自然而然地成為穩定的證悟。我們可能有很好的修持，也可能會瞥見空性，但是，我們可能會失去這種悟境，或是很容易被外在的事務和內在的情緒干擾。

這就是爲什麼，儀軌包括了生起次第的修法，讓我們能夠以清淨的形體來展現空性，從「空」中將自己觀想成神聖的本尊，而本尊「空的形體」是內在虛空的另一種展現。透過這些高深的修行方法，我們對空性的體驗就可以完全穩固。

以我們現在的程度，可能可以一瞥內在虛空，然而那種體驗很容易被自己的各種情緒所取代。我們可能有一次很好的禪修，但心裡突然生起了各種執著妄想、瞋恨和迷惑。如果無法將自己很清晰地觀想成本尊，這就表示我們的業和情緒還沒有完全淨化。

當觀想越清晰時，您的我執就越微弱，各種情緒和壞習氣會變得比較輕微。當修持淨化了所有的惡業時，觀想就會生動和清淨。

當您能看到自己顯現爲本尊空的形體時，就和第二種空「空即是色」相應，而「色」在第一種空和第二種空中有非常不同的意義。

在「色即是空」中，「色」的根基是自我，就是您的身體和所有的五蘊，其根源是情緒化的自我。因此，對第一種色的體驗被稱爲「不淨之見」。

接下來第二種空「空即是色」，這裡的「色」是指清淨的形體，以儀軌中的生起次第來表示。清淨的形體並不是從我執或負面的情緒產生出來的，本尊的神聖形體展現了自己的眞正性質，因爲那是內在智慧的展現，一切現象都轉變成了圍繞著自己的淨土，所有的一切都是從無我展現出來的「清淨之見」，因此，不會成爲增長各種破壞性的情緒和惡業的因緣。

除非您已經完全證悟，否則，依然有執著於「清淨之見」的危險性，您可能會執著於儀軌中的本尊身形，這就是爲什麼，第三種空「色不異空」是非常重要的。

第三種空能幫助我們超越神聖的形體，如果我們執著本尊的身形，就會變成（修行的）障礙。因此，我們甚至必須超越神聖的自尊（佛慢）和空的形體。

在哲學上，第三種空的目的是超越絕對二元論。當我們心裡執著於神聖的形體是存在的，或平庸的自己是不存在的時候，二元論就仍然在運作著，只要落入了二元論和投入了情緒，那都將成爲我們解脫的巨大障礙。

這就是爲什麼，在儀軌裡持咒後的下個階段是消融本尊，也就是做超越思想的禪修時的消融本尊，我們在這裡將生起次第反過來觀想。

首先，我們將「清淨之見」的淨土融入本尊，接著將本尊融入咒輪。如果所修持的是度母儀軌，就將咒輪融入種子字「旦」。之後，將種子字的各個部分按照順序融入，接著將種子字的心月形融入頂端，最後將頂端融入「空」中。

在這個階段裡，儀軌結合了第三種空「色不異空」，這時我們已經超越了「有」和「無」，將本尊融入空中，又回到了空的狀態，我們這樣修持消融，來超越「有」本尊和「無」本尊的二邊。

第四種空敘述著「空不異色」，超越了絕對非二元論。有些教導主張非二元論是絕對的，但當我們有非二元論的某些概念和想法時，那就表示我們仍然有執著。

第四種空似乎是一種概念，但儀軌卻提供了一個明確的方法來契入。當做完超越思想的禪修之後，如果我們修度母儀軌，就立刻將自己再轉化爲度母身形，在座下瑜伽修持期間，保持這樣的觀想，也就是當我們吃飯、走路、睡覺及所有的日常活動中，都將自己觀想爲度母。

修持座下瑜伽的目的，就是將本尊超凡入聖的見地，融入我們的日常生活中。自己就是度母，自己就是佛，所有其他的眾生也都是佛，自己的所有思想都是智慧、所有的言語都是密咒、所有現象都是「清淨之見」的顯現。當我們透過本尊的「清淨之見」來體驗日常生活時，就結合了第四種空，超越了非二元論。

這裡所提的非二元論和主觀、客觀幾乎不相關，非二元論和我們的禪修境界有比較多的關係。當我們處於佛性中，在智慧的狀態下，我們就是智慧，那時再也沒有「我」或「他」要超越了，所有一切都完整地呈現於「空」中，外在虛空和內在虛空二者合而爲一。

當我們根據儀軌或六度（六波羅蜜）來修持，有了更多實際的體悟時，就可以更進一步地理解這四種空。然而，直到透過修持完全體悟了空性爲止，我們仍然會有疑問。

正如我們已經討論過的，這四種空能幫助我們超越所有的邊見，也能幫助我們超越所有的業、所有破壞性的情緒和所有的想法。這四種空能幫助我們超越個人的「自我」

（人我）和所有「現象的我」（法我），因此，我們常說這四種空表示「從四種邊見中解脫出來了」。

您現在可能想知道，超越了四種邊見的體驗是什麼？那就是開悟成佛。您也可能會好奇，「從四種邊見中解脫出來，最後不是類似於無嗎？那不是只是消除了所有的東西嗎？」您可能會問：「爲什麼需要詳細的推演出這四種層次的空呢？」

這些疑問只能透過修持儀軌來解答，修持儀軌有消除一切執著的力量，這四種空可以逆轉我們在輪迴中沉淪的狀況。

這四種空不只是色蘊的眞諦，也是其他四種蘊的眞諦，這就是爲什麼，我們接受五方佛的灌頂來確認五蘊中的智慧。五方佛代表和五蘊相應的五種智慧，五蘊的眞正性質就是智慧，在金剛乘的修持裡，這五種智慧化現爲五方佛，引導著每一個蘊去轉化昇華。

五蘊如同土地，是我們努力修行的基礎和正在耕耘的土壤，透過禪修可以轉五蘊爲五智，那時我們就成佛了。

五方佛代表著色蘊是智慧、受蘊是智慧、想蘊是智慧、行蘊是智慧和識蘊是智慧。

舍利子！如是諸法空無相，不生不滅，不垢不淨，不增不減。

梵文的dharma（法）有多重義意，當我們說「佛、法、僧」時，其中的「法」是指佛陀的教導和修行方法。而「法」與梵文dharan相關，意思是「持有」或「把握」，這部經裡的「法」就是持有各種特性（任持自性）的意思。

「法」字有十種不同的意義，通常是指「佛法」，也就是佛陀的神聖教導和所有的修行方法。

當我們用abhidharma（無比法）這個字時，這裡的「法」是指宇宙中所有的現象，這些現象持有某些「總相」和「別相」的特性，我們可以用這些特性來辨識它們，《心經》中說的「諸法」就是指持有「總相」和「別相」（各種特性）的所有事物。

「總相」是事物的共同特性，「別相」是辨識一項事物和其他事物不同的各別特殊性質。「別相」界定了一個茶杯和一個鈴之間不同的形狀，我們可以結合「別相」和「總相」，來定義和確認每一項事物。

當經中說「如是諸法空無相」時，以我們的程度來看，這句話似乎非常自相矛盾。

如果「法」持有各種特性，爲什麼經中說諸法空無相（沒有自性）呢？

看起來是有很大的差別，在相互依存的世界裡，所有事物都是根據各自的特性來辨別的，但是，如果更深入地去檢視這些事物的「別相」和「總相」時，我們會發現事物卻消失了，這就是爲什麼，表面上看來似乎是自相矛盾的。依據世俗諦，我們可以找到各種特性和事物，可是依據勝義諦，當我們更深入地去檢視時，卻發現這些事物是沒有自性的。

佛法中有兩種眞諦，那就是「世俗諦」和「勝義諦」。一個茶杯有「世俗諦」相互依存的一面，我們都承認它是一個茶杯，它也有「勝義諦」的一面，也就是這個茶杯的眞正性質是空性。

做爲一個修行人，當我們了悟時，將能同時看到茶杯的形體和空性，甚至能超越四種邊見，最後一切事物都不再受到特性的限制。

在這部經裡，我們也可能發現「不生」是非常自相矛盾的。在世俗世界裡，當然是有「生」的！這就是爲什麼，我們現在在這裡。然而，當我們更深入的檢視時，最終哪有「生」的眞實存在性呢？（事物）是如何生起的呢？當我們從「勝義諦」的角度來看，卻找不到「生」的實在性，因此說「不生」。

在這個世俗世界裡產生的任何東西，都會衰壞、死亡、消滅，但從「勝義諦」的觀點來看，一切都不再受到死亡、衰壞和消滅的限制，因此是「不滅」的。

而且從「勝義諦」的角度來看，一切都是「不垢」的。既然一切事物的真正性質都是清淨的，那麼根據真正的性質（空性），一切事物都是「不垢」的。

從「勝義諦」的觀點來看，《心經》說諸法也是「不淨、不增、不減」的，這些都是指透過「勝義諦」的智慧，所照見到的真正性質。

在世俗世界裡，某件事物染污後可以被淨化。但從「勝義諦」的層次來看，本來就是清淨的，根本不需要淨化，因爲事物的眞正性質一直都是清淨無染的。

目前對我們來說，《心經》裡的這些經文，似乎非常自相矛盾，但對於透過禪修已經見到「勝義諦」的佛來說，並沒有任何矛盾。這是因爲，我們仍在世俗的層次裡體驗著一切事物，諸法對我們來說仍然有各種特性，諸法是有生的、可以被染污的、可以被淨化的，而且會衰壞的。然而，對那些證悟了空性，已經覺醒的瑜伽士來說，沒有任何特性是眞實地存在著。

問答

問：請問喇嘛，有什麼其他的方法，我們可以修習來了悟空性呢？

答：我們可以修習六度（六波羅蜜）或密續，也就是「不共的大乘法」。修持密續更高深，並且具有加速我們證悟的力量。

六度中的前五度會累積更多福德資糧，包括「布施」、「持戒」、「忍辱」、「精進」和「禪定」。當前五度和第六度「智慧」相應時，我們就可以體驗空性。

如果我們是密續的修持者，每天修持儀軌就能了悟空性。正如我們已經討論過的，儀軌包括了累積福德資糧和累積智慧資糧的修持，是一種非常精巧的修行方法，透過修持生起次第和圓滿次第，將四種空融入我們的修行中，包括將自己觀想為所修持的本尊，也包括超越思想的禪修，還有座下瑜伽的清楚說明，可以將修行帶入我們的日常生活中。

這部《心經》是大乘佛教經典，修習四種空的目的，是為了超越四種邊見，成就圓滿的佛果。

9

不垢不淨

如果英文讀者想非常深入地研究《心經》，我極力推薦愛德華．孔茲（Edward Conze）博士的《般若波羅蜜多》英譯本，對認眞研習《心經》的學生來說，他的書籍是很有用的。孔茲先生不但完成了精采的翻譯，也發表了與其他論典之間相互對照的關鍵性研究著作。（過去）有許多印度的學者「班智達」，他們完成了解釋佛經的著作，這些著作被稱爲「論」。

我們正在研習般若波羅蜜多的精華版，正如我提過的，這個精要的版本是從《大般若經》中濃縮出來的。愛德華．孔茲博士依據《現觀莊嚴論》，將《大般若經》翻譯分類，成爲了八個部分。爲了更進一步了解圓滿的智慧，《現觀莊嚴論》是所有大乘學者們研究修習的一部論。

教導佛法是爲了鼓勵我們實際地去修行，而研讀經典是很重要的，如果有可能，我們應該研習佛教原典，因爲在翻譯的過程中，有些經文原來的意思流失了。所有藏文佛典的翻譯都歸功於梵文，包括了梵文或巴利文的佛教原典。梵文是佛典的原始語言，它已經將這些豐富的精神資源，完整地保存了數千年。

要熟悉一種語言，就必須反覆地閱讀，熟悉了語言之後，就必須反覆地思惟佛典的意義。在這個階段裡，精神上的導師是非常重要的，老師可以幫助我們了解佛典裡隱藏的多重含意，更重要的是他們會鼓勵我們去修行。

我們能了解多少佛法，完全取決於禪修的深淺。老師不能幫我們做所有的功課，如果不修行，當老師和佛書離我們而去時，自己是否能得到任何持久的智慧呢？學生可能會變得非常依賴老師，如果我們希望能成就個人的證悟和解脫，就必須在某個階段裡，超越那種依賴的關係。

同樣的，在生命開始時我們非常依賴父母，到了青少年時期的某個階段就開始獨立，擺脫了對父母的依賴，我們必須得到自由，才能成為自立更生的成年人。

傳統佛教的修學共有九個階段，最初的三個階段是聞、思、修，接下來的三個階段是教授佛法、辯經、著作佛書，最後的三個階段也就是成果，包括了成慧、成德和利益眾生。

我們做這些事（修習這九個階段）是為了成為一個有智慧的人，而智慧並不一定是從知識中產生出來的，智慧必須從我們的修行，以及精通教法更深一層的意義而來。

如果我們善長語言文字，並且了解某些義理，但沒有修行，那麼，我們只是有一些知識而已，這些知識必須透過修行，才能轉變成智慧。

當我們有更多智慧時，在修行道上也會更有信心，這種信心可以幫助我們變成更好的人，並且更能夠利益他人。

如果我們看佛教祖師們的傳記，就會看到這些祖師，從來沒有學任何技能來改善自己的履歷表，或是得到更好的工作面談機會！古代和現代完全不同，當時那爛陀大學有來自亞洲各地成千上萬的學生，他們都用三、四十年的時間，長期地在那爛陀大學研習佛法！

我們學佛的人都知道，成佛之前需要學習和修持非常多的事物。當我們成佛時，就沒有什麼東西留下來需要去學習和研究的了！

研習只是修行過程中的一部分，內在的智慧需要很長的一段時間來培養，這些學生之所以在那爛陀大學研習和修持如此長的時間，那是因爲他們想成佛，而成佛應該是我們整個研習的最終目的。如果把研讀佛學做爲學校的一門學科，那我們只是得到了一個學位，或是收集到更多的資料而已，這樣的研習不會將自己轉化昇華。

研習和修學的整個目的，就是爲了培養和體驗內在的智慧，對融會貫通我們所學習的一切經論來說，修持是非常必要的。我鼓勵大家閱讀各種經典原文，即使不了解原文的意思，讀梵文如同誦持咒語般，起初並不了解，但是當我們持咒數千遍之後就會非常熟悉，甚至在睡眠中有時也會唱誦這個咒。

有一次，一位學生開車載我去迎接一位從印度來的喇嘛。那是冬天，路上結了很多冰，結果，我們的車子開到一片冰上開始打滑，周圍的車都在旋轉互相碰撞著，後面的車將我們的車推撞到前面的車上。當時我脫口而出的是「嗡嘛呢唄美吽」！這個咒是如此地深植我心，成爲了第一個反應。如果誦持了足夠多的咒，這個咒就會成爲我們遇到意外傷害或恐懼擔憂時的第一個反應。當我們充分地誦持了某個咒語之後，它就會毫不費力地深植在我們的心裡。

當我還是年輕的學生在僧伽大學研讀時，我們必須做的第一件事，就是背誦所研習之經論的本文，在研習《心經》之前，我們必須先背誦《現觀莊嚴論》；在研習《俱舍論》之前，也必須先背誦論典的本文。如此類推，我們必須先將研習的所有經論熟記在心中。

年輕的學生們並不了解所背誦之經論的意思，有時我們會質疑，爲什麼要背誦這些不了解的經論。後來當我想更深入地研習這些經論時，就非常的感恩，因爲經論的本文已經熟記在我的心中了。

研習佛法的古老方法，完全基於學生們立志成爲一個有智慧且能利益眾生的人，也就是培養內在良好的正面性質，因此可以利益其他眾生，而最終的目標就是成佛。

說這些話是爲了提醒我們，學習的眞正目的是轉化內心。當我們研習《心經》時，不應該把它作爲一種了解外界事物的方法。雖然這部《心經》可以幫助我們，去了解一切有條件之事物的本質，但是，它主要是讓我們了解自己眞正性質的一個方法。

研習五蘊其實是認知自我的眞相，以及了解我們如何在世間運作的一個方法。由於了解了自我的眞相，我們自然會開始了解其他事物的眞相。

我們不是基於自己的情緒和內在的業力在談論一種知識，我們所談論的是從各種感受和業力中解脫出來的智慧。我們在《心經》中學習勝義諦，這並不是基於相對的二元論來認知了解的。

如果繼續根據自己的內在狀況和情緒來理解《心經》，我們就無法認知勝義諦，眞正的認知必須基於普遍的了解和普遍的智慧。

研習四種空並不只是了解宇宙的眞正性質，而是和個人親身體悟這個眞正性質有關。當您體悟了一切事物的性質時，就已經超越了您的所有狀況，超越了您的「主義、學說、信仰、制度」、您的各種情緒、您的業力、您的身分地位，也就是說，您已經超越一切了。

這四種空是內心的眞正狀態，這就是爲什麼，《心經》提到這四種空就如同內在的虛空，我們無法在其中找到任何邊見，如果執著於任何一種邊見，我們就沒有了悟。

如果您眞正地體悟了，就不會有誤解「空」的危險性。當您有某些內在的體驗時，將不再懷疑「空」是否爲某種終極的否定，您會了解「空」就是從所有的邊見中解脫出來了。

「空」是很微妙的，我們無法在思想層面或用語言文字來確實地把握它，當我們越試著去表達「空」時，思想就會變得越迷惑不清。

雖然《心經》並不是密續的經教，密宗的儀軌修持卻可以引領我們，更深入和沒有任何概念地來了解這四種空。當您體悟了「超越的智慧」（內心眞正）的狀態時，您就超越了所有的邊見。

舍利子！如是諸法空無相，不生不滅，不垢不淨，不增不減。

在《心經》中這裡的「如是」是指超越四種邊見，而「諸法」涵蓋了「有條件」和「無條件」（物質、精神和其他一切有形無形）的所有東西。

在我們研習《心經》的最初階段，可能有這個疑問，《心經》是否只研習有條件的事物？那時我們非常專注地在學習五蘊，而五蘊只涵蓋了有條件的事物。

《心經》中所說的「諸法」，涵蓋了一切有條件的事物、所有的五蘊，也涵蓋了無條件的「空性」。因此，這四種空包括了一切有條件的萬法，以及無條件的「空性」。

在論典裡，當我們提到「諸法」時，它涵蓋了一切有條件的事物和所有無條件的東西，甚至包括了涅槃。在《心經》裡，「無條件」的事物包含了虛空、涅槃，及這四種類型的空。所有的東西都可以被包含在「諸法」裡，它包含了一切有條件性的事物，也包括了所有無條件性的東西。

在相對的世界裡，我們已經探討過的這些「相」（特性），其中有「總相」，例如無常；以及所有的「別相」，透過「別相」我們可以辨識出宇宙中所有的東西。

我們根據這些「相」生出了各種想法，我們也許會想，這些相並不是那麼重要，然而為了成就圓滿的佛果，我們必須超越所有的「相」，而要超越所有的「相」，我們一定要先認識這些特性。當照見「人無我」和「法無我」時，我們就達到涅槃了，然而為了成就圓滿的覺悟，我們必須超越所有的特性。

在輪迴裡，各種「相」是一切觀念、執著和反感的源頭。我們非常的情緒化，當被某個人吸引時，會立刻產生出很多感受，根據他的「相」編出豐富的故事，投射出希望和恐懼，一直將這個人記在心中。

對所執著的其他客體也是一樣，我們在輪迴裡被程序化而執愛各種事物，非常感情用事。我們執著美好的回憶，也執著使我們舒適和快樂的所有事物，渴望那些事物能永久不變。

各種類型的「相」非常微妙，我們最執著的「相」往往深深地投影在心中。外在的形相是非常明顯的，我們可能因為顏色而喜歡某一種花，也可能因為口味而喜歡某種食物，或者覺得某人很美麗，而被他吸引住了，這些都是我們被某些有形物體吸引的原因。

當這些經驗根植於我們的記憶、印象和情緒中時，那是這些「相」最敏銳和最有力量的時候。我們很難放下心中對某人的執著，正如我已經提到過的，在親人去世很久之後，心中仍懷著對那位親人的印象和記憶。

引起貪愛或瞋恨的「相」有最大的力量，最親密的人或死敵是最難放下的，而那些只激發出中性反應（捨受）的「相」和愚癡有關，因爲無法察覺到它們，我們不會放下這些中性的事物，我們很容易忘掉這些中性的事物，因爲它們不會像那些引起貪欲和瞋恨的事物，讓情緒那麼活躍。

各種「相」（特性）幫助我們辨識每一件事物，在日常生活裡，我們執著成千上萬的事物，如果深入地檢視，並且以這些「相」的空性來禪修時，就沒有什麼可執著的了。當深入地檢視時，我們無法找出這些「相」的眞實存在性，所有事物的本質都是「無相」，它們的「相」是「空」的。正如我已經提到過的，世俗諦和勝義諦是同一枚錢幣的兩個面，而「空無相」是勝義諦的那個面。

以我們的程度來看，勝義諦和世俗諦似乎非常矛盾。這些「相」是一種形象，而它們的眞正性質是「空」，那就是「無相」了！這樣勝義諦和世俗諦就一致了。

在成佛之前，我們依然會執著形象，因而繼續執著各種「相」。我們看不見錢幣的另一面，也就是看不見各種事物的眞正性質，繼續以相對的世俗方式和外在的宇宙互動，只有當我們同時觀照到各種「相」和它們的「空性」時，才能超越四種邊見。

觀世音菩薩說「空」是「無相」的，這是勝義諦的一面。根據我們所體驗的層面，這種說法可能不太合理，在輪迴裡我們完全贊同這個多「相」的世界，這對照見空性來說，是非常具有挑戰性的。

一切事物之所以會產生，都是由於各種的「因」和「緣」。「生」和「無生」看起來似乎非常自相矛盾，「生」基於相對的事物，正如我們已經探討過的，由於業力、情緒和父母，我們受孕然後出生了。我們活著的每一個剎那，都在不斷地變化和接近死亡，這就是我們在輪迴中的經歷。

如果我們試著去找出這個「生」，那是無法找到的，這對我們現在來說，似乎非常的荒謬！我們當然認爲自己是被生出來的！母親懷胎九個月後，就從母親的子宮裡生了出來。我們有出生證明，可以證明自己確實是在那天出生的！

在出生前究竟發生了什麼事？出生前我們已經活著，在母親的子宮裡待了很多個月，我們的心識在受孕之前，就已經存在了，也就是說，即使在我們受孕之前，某種東西就已經在那兒了。

《心經》甚至已經超越了對「生」的邏輯推理，照見到它的的本質是「空性」。「不生」是指一切皆空的眞正性質，在「空」中是「無生」的，也就是一切事物的眞正性質「空性」是「無生」的。

相對地來說，我們當然是被生出來的，每一年都會慶祝自己的生日，堅信自己的存在是事實。只有當我們研究世俗諦和勝義諦這兩個層面，照見到眞正的性質是「空性」時，兩者之間的矛盾才會被理解。

《心經》裡的「不滅」是指「空性」不朽，在相對的層次裡，我們被生了出來也會死亡，我們活著就是走向死亡！如果您要提醒自己世間無常，最好到墳場去禪修和反省。

由於貪執我們想永遠活著，可是這種想法和自然法則相抵觸。我們都知道只要生出來就必定會死，從來沒有例外，一切的東西產生後，都必定會衰壞。

體悟了諸相、生和死的眞正性質被稱爲「三大解脫門」，當我們超越了諸相、生和死時，就得到了最大的解脫。

我們也許會認為諸佛和菩薩們是不生不死的，在這裡我們必須加以區分，一般人被生出來沒有選擇的自由，由於自己的業力、貪欲和被父母中的一位所吸引，我們被迫而再出生。對凡夫來說，出生非常的痛苦，因爲被自己的業力逼迫著，死亡也逼迫著我們，並且也造成了諸多痛苦。

諸大菩薩與諸佛們已生死自在，爲了利益所有的眾生，他們選擇再投生。根據大乘佛教，釋迦牟尼佛示現了十二行誼，包括了誕生和涅槃。

佛誕生時沒有痛苦，是自在喜悅的，（臨命終時）佛非常安詳清醒地入滅，並且（不住涅槃、倒駕慈航）在同樣的安詳和覺照中再投生，在轉生的過程中，諸佛不會感到痛苦或害怕。

諸佛（倒駕慈航）並非因貪欲和業力而受孕，他們因智慧而受孕，爲了幫助其他眾生，諸佛選擇（不住涅槃）回到人間。雖然他們出生了，但是等於無生，因爲他們的再生並不是業力和情緒的逼迫，生和死對諸佛菩薩們來說，只是爲了利益有情眾生的一種「示現」。

就像一部電影，某個人可以在電影裡出生，但是並不是眞的誕生。諸佛已超越了一切相，也超越了生與死，甚至超越了「三大解脫門」。

凡夫沒有這種自在，這就是爲什麼，我們在精神上總是被眾多的妄想和感受折磨著，內心一直在喋喋不休。如果您曾嘗試禪修，就會覺知自己的內心有多少噪音和心理活動，即使是獨處甚至睡眠時，內心仍然在喋喋不休。

這都是由於自己的觀念想法和我相所造成的，生時痛苦，活著也是痛苦，我們如此的努力，試著將自己的注意力從無常的眞諦轉移開來，但是，徹底的否定無常，卻引起了更多的痛苦和不安。

對我們來說，種種的相、生和死都是折磨，都非常的痛苦，它們是眾苦之因，因爲這三種情境還沒轉化成解脫之門。只有當我們體悟了勝義諦，這三種情境才會轉化，成爲三解脫門。

在一些經典裡，這三種解脫有不同的名稱，它們可被稱爲「空」、「無相」、「無願」（無作）。

我們應該闡明這個「願」字，當受持菩薩戒時，像許多人接受灌頂時，我們發願爲利益一切有情眾生而成佛。

菩薩誓願類似於一個願望，也被稱爲「雙重心願」，您不是只祈願自己的覺醒，是爲了利益所有的眾生而覺醒。但是，這個願仍然和欲望有關，仍然與熱情連結著，因此，被認爲是「世俗菩提心」，仍然不究竟，因爲這個願根源於欲望。

當您照見到智慧時，「願菩提心」就變成了「勝義菩提心」，那就是超越的智慧。

在六波羅蜜的修習裡，修習前五種波羅蜜是「行菩提心」。從第一度「布施」到第五度「禪定」仍然被認爲是「世俗菩提心」，只有在前五度和第六度「智慧」融合時，才會變成圓滿的「勝義菩提心」。

當您受持菩薩戒時，那就是「願菩提心」。之後，當您基於「願菩提心」積累功德時，就成了「行菩提心」，經由積累功德，您就能體悟「勝義菩提心」的智慧。當您終於體悟了智慧時，「願菩提心」就變成了「無願」，因爲它已經轉化成了智慧的眞如性，已經超越了欲望。

諸菩薩們無時無刻地在利益其他眾生，在究竟的層次裡，他們並不是因爲欲望來幫助眾生，由於菩薩積累了（無量的）功德，他們可以不費吹灰之力，產生出正面的利益，諸菩薩的善行如同日光一般，照亮著我們。

太陽並沒有任何意願來照亮我們的地球，當地球的一面黑暗時，並不是太陽已經停止照耀了，而是因爲地球在自己的陰影裡。

同樣的，諸佛與諸菩薩的智慧之光，無時無刻照耀著，而我們是否能接受他們的智慧之光，端視自己的狀況而定，如果我們還沒有準備好，就不會感受到智慧之光。

當我們成就了「超越的智慧」時，那是「無願」也是「無相」，那就是空性的智慧。只有當我們體悟了智慧，才能成就三解脫門。

在我們相對的生命裡，總有染污和淨化的二分法。我們非常努力地修行，淨化自己的惡業，我們修四加行，試著淨除這些業障。

我們生來就有業，這種情況就像穿著一件髒衣服被生下來一樣，而這件衣服的本質並不髒。當我們基於自己的煩惱情緒被迫而生出來時，生命就從這些染污的業開始了。我們所有的修行，就是努力洗淨衣服上的污垢，來顯現它清淨的眞正性質。

「超越的智慧」完全沒有染污和淨化，因爲它已經超越了這兩者。當《心經》中說「不垢不淨」時，就是指超越了染污和淨化。

在生與死之間，我們有活著成長的一段時期。基於二元論，在我們的生活中展現出染污和淨化這兩者。

染污和淨化的概念，對修行者來說是重要的，但是，它並不存在於生活的本質裡，因爲我們的眞正性質是「清淨」的（編者按：此清淨並非二元論中對應於染污的淨化，乃超越染污和淨化的眞正性質）。「超越的智慧」像虛空，如同天空般清朗無雲，雲只是在天空中來來去去。

相對而言，雲來時被認爲是一個遮障，它是負面的，也就是一種染污，當雲走後，就被認爲是淨化。染污或淨化和天空沒有關係，天空沒有任何雲或「空」的概念，對天空來說，既沒有染污也沒有淨化，天空的眞正性質是清明，雲不能改變天空的眞正性質。

同樣的，我們的眞正性質如同天空般清明，眾生都有佛性。所淨化的是基於五蘊身的染污煩惱和與生俱來的各種苦惱情緒，也就是我們之所以投生和現在活著的原因。

根據佛教，我們受生的因緣基於貪、瞋、癡這三種破壞性的情緒。正如已經討論過的，我們貪愛自己父母中的一位，對另一位有微細的厭惡感，而貪愛和厭惡感的根源，就是根本的愚癡心。我們生命一開始就有這三種煩惱情緒，活躍的貪和瞋造成了所有一切的苦和樂，以及憂和喜的感受。

如果我們的生命沒有痛苦，就不需要去淨化這些破壞性的根本情緒了，然而我們的生命卻充滿著渾渾噩噩的痛苦，因爲這個原因，佛教發展出各種修行的方法，來有效對治這些苦惱的情緒。

根據佛教，無論我們有多少舒適和快樂，內心深處仍會一直覺得不滿足，這種狀況導致了潛在的憂愁。因爲這個原因，佛教發展出這些淨化身心的修行方法，讓我們達到百分之百的自在和安樂。

如果沒有這些淨化身心的修行方法，坐立不安的感覺就會擾亂我們的生活。無論我們有多少成就、享有多少世間的歡樂，我們永遠不會快樂，因爲一切事物都一直在變化著，我們無法使良好的經驗常住不變，無法保持工作中的每一件事都是相同的，無法讓我們的家庭成員不改變，更無法讓我們的身體不生病和老化。

我們對生活有許多夢想，但是，當這些夢想成眞時，卻驚訝地發現仍然不滿足。我們所夢想的家園可能會產生各種問題，或許討厭的鄰居搬到隔壁了，或者發生了水災或森林大火，即使房子是完美的，我們仍然希望擁有一棟更大的房子。

我們夢想的家庭會改變，可愛的孩子會變成桀驁不馴的青少年，多年之後伴侶將會變成另一個人，即使當夢想成眞時，仍然不滿意。這就是爲什麼，我們必須修心養性，來療癒這種潛在的痛苦，在自己內心淨化之前，我們仍會不斷的變更生活裡（追求）的目標，而結果將是一直都不滿意。

當我們墜入愛河時，有些浪漫主義的幻想，有段時間，認爲自己的新伴侶是完美的，我們會整個陷入，並且意亂情迷。隨著時間的變遷，這種新鮮感開始消退，我們開始看到彼此的不同而發生衝突。這時浪漫的感覺已無法轉移自己潛在的破壞性情緒，甚至反而會加強這些負面情緒。

在世俗生活裡，我們需要淨化許多煩惱。當《心經》說「不垢、不淨、不增、不減」時，這段經文似乎再次自相矛盾。

對「超越的智慧」來說，無始亦無終，生即是不生，死即是不滅，如果沒有生命，那就沒有什麼東西可增加或減少的了。因爲「超越的智慧」是無條件的，因此是不增不減的，無條件的虛空一直都是這樣。

我們的生命並非如此，生活總是起伏不定。我們可能會爬上企業的晉升階梯，成爲最有權力的首席執行長，當達到頂端時，其他的人很可能會威脅到我們的職位，因而從那道階梯上跌落了下來，因爲已經體驗到了成功的滋味，那種跌落的感覺會更加難受。我們可以看到這種週期，在明星、運動員和藝人們之間非常急劇地演變著，名人們往往跌得很重，而且當面臨苦難時，他們沒有隱密的私人空間。

這種週期無論是基於經濟狀況，或是基於名人的權勢，甚至是單純地基於幸福快樂，我們會發現事情總是起伏不定，所有的一切都將因改變而產生痛苦。

「超越的智慧」不會變易，因爲它是無條件性的，是不增不減的。聽起來好像很簡單，但是我們必須超越語言文字，去體會更深的意義。我們一定要嘗試著依據自己的生活情境來學習，如果能將這些經句融入我們的經驗裡，這些經句對我們將會意義深遠。《心經》有豐富的各種訊息，能幫助我們在生活中得到情緒上的自在解脫，其目的就是把內在的智慧介紹給我們。

正如我們已論述的，《心經》中的這個部分是指超越「三大解脫門」，也就是指引我們超越生死和諸相的一種方法。只有當我們照見到「超越的智慧」時，才能從生死和諸相中解脫出來。

「超越的智慧」就是超越了所有的四種邊見——有、無、亦有亦無、非有非無，也就是超越了諸法，超越了一切有條件和無條件的事物，以及超越了所有生死，成就了圓滿的覺悟，《心經》具有介紹圓滿的智慧讓我們認知的力量。

10

無處與無界

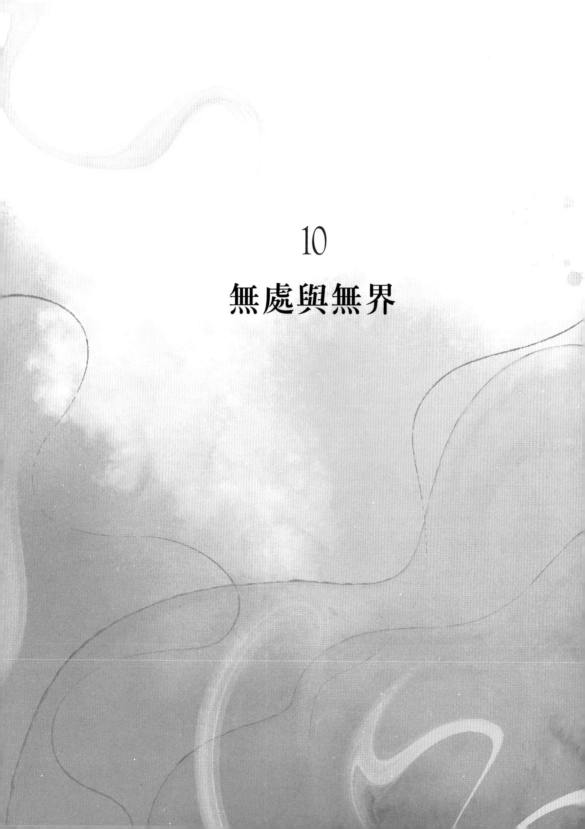

無眼、耳、鼻、舌、身、意；無色、聲、香、味、觸、法；

以上的經句列出了「十二處」，包括「六根」和「六塵」。例如「眼」器官是根（感官），「色」是和它對應的塵（所緣境）；「耳」器官是根，「聲」是和它對應的塵……等。依據勝義諦，當您有智慧時，您就超越了十二處。

在生活中，我們非常執著於自己的五蘊（身心）和十二處，當我們的眼根感知屬於色蘊的視覺物體時，緊接著我們的受、想、行和識蘊，會立刻產生一些和那個視覺相關的複雜反應和觀念，這就是我們如何基於對五蘊和十二處的執著，來和一切事物互動的過程。

無眼界、乃至無意識界。

這句經文是指「十八界」，界是（互動的）結果。十八界包括了「十二處」（六根、六塵），以及和六根相對應的「六識」。

在梵文裡「界」（dhatu）這個字有兩個意思，第一個意思是「因果」，第二個意思是「性質」，這兩種含義都適用在《心經》中。當健康的「眼根」見到「色塵」而產生了「眼識」，這就是界字「因果」的含義，也就是六識是六根和六塵相對應時所產生的結果。

當我們證悟時，就體悟了超越一切的智慧，超越了基於五蘊、十二處、十八界而投入的一切情緒。當我們見到空性時，這就是界字「性質」的含義。

目前，我們還沒有照見空性，所以牢牢地執著於五蘊。關於五蘊，佛陀教導了非常多心理的活動，受蘊、想蘊及行蘊都和心理活動有關。

我們有基本的心識，從基本的心識中產生了許多各種的情緒，經歷著瞋恨、執著、嫉妒、信心、慈悲等，所有一切的心理活動。

佛陀闡釋了和各種心理活動有關的一些「蘊」，那是佛教心理學的詳盡解說。佛陀教導了「五蘊」，因此，我們能化解對感受、想法和一切心理活動的所有誤解。如果您想進一步學習佛教心理學，《俱舍論》和《大乘阿毘達摩集論》都對各種心理活動有很深入的探討。

研究修習各種心理活動是趨向自在解脫的一個重要步驟，五蘊是我執的基礎，佛陀教導「五蘊」的主要原因，就是爲了對治和各種情緒及心所緣境有關係的一切愚痴。

「處」（ayatana）這個字在學術上具有「生長」的含義，意指經由「六根」之門接觸「六塵」而產生了「六識」。

十二處中有十種處屬於色蘊，「眼」、「耳」、「鼻」、「舌」和「身」是我們色身的一部分，它們所對應的被感知的客體是「色」、「聲」、「香」、「味」和「觸」，這些（根和塵）都是色蘊的一部分，這十種處是前五識生起的條件，而第六根是「意」、第六塵是「法」。

在《心經》裡，「意」是指基本心識及其他的識，和「意」相對應的境就是一切「法」，它涵蓋了所有的心念，以及所有無條件性的東西。因爲涉及「根」和「塵」（的互動），「處」有「生長」的意思。

正如我已提過的，我們的神識受孕後，當胚胎在母親子宮裡孕育時，發展出了所有的「根」。每個「根」的成長都讓我們更能和宇宙互動，當小耳朵長成時，我們能開始聽到母親的心跳聲。

在五蘊和十二處之間，唯一的差異就是「法」處。根據各個處之間對應的關係，「法」是意根的所緣境，涵蓋了所有的心念，包括我們的夢境，也包括了一切無條件性的東西，例如虛空和涅槃。無條件性的事物，也可能成爲意根的所緣境，但是，這些無條件的事物並不包含在第五種蘊（識蘊）裡，這就是十二處和五蘊之間最大的差異。

五蘊只包括各種有條件的事物，而十二處涵蓋了兩者，包括一切有條件和無條件的事物。佛陀教導了「十二處」，指引我們進一步去對治和各種物質客體有關的更深層的愚痴。依據佛陀的教誨，「色」（物質）不只是我們眼根所看到的境，一切的聲音也是物質，一切的香也是物質，一切的味也是物質，這些塵境仍然是由原子所構成的，爲了讓我們能進一步了解色蘊，佛陀教導了十二處。

我們經由各種「根」（感官）來體驗宇宙，佛陀列舉了前十種「處」，以便我們能對治和色蘊有關係的愚痴。「色」引起了諸多情緒的投入，尤其是當我們非常執著於某人時，因爲對親人或敵人的執著，我們造了很多業，由於愚痴，我們往往被色蘊局限住了。佛陀教導「十二處」的主要目的，就是幫助我們對治和「色蘊」相關的愚痴。

佛陀教導了「十八界」，來幫助我們對治和心識有關係的愚痴，讓我們能了解「五蘊」、「十二處」和「十八界」是如何具體地在運作著，以便增長我們的覺照。

認識「十八界」，我們可以學到「識」是如何依著「根」和「塵」而生起的。只有當「根」、「塵」、「識」三種因素和合時，我們才能體驗到事物。我們需要有健康的「眼根」、「色塵」和「眼識」才能看到東西。

佛陀教導了「十八界」，說明了與「根」和「塵」相依相存的「識」是如何生起的。了解了「識」如何生起之後，我們就能對治和心識有關係的愚痴。

「識」就是現在心，生爲人我們有全部的「五蘊」、「十二處」和「十八界」，這些是我們的基本要素，也是我們輪迴的根本。我們越了解這些要素，轉化昇華的道路就越清楚，也越接近智慧。如果想在個人的層次上深入《心經》，我們需要了解，這些基本要素或因素就是輪迴和涅槃的根基。

有位大祖師曾說：「輪迴就是涅槃，而涅槃就是輪迴。」唯一的差別是——當我們愚痴時，會持續地陷在輪迴中；當我們有覺照和智慧時，相同的經驗就是涅槃。

如果我們有和五蘊、十二處、十八界相關的愚痴，就仍然在輪迴中，如果照見了五蘊、十二處和十八界中的智慧（眞正性質），我們就證悟了！我們所做的任何修持，不論是「止」和「內觀」禪、「六度」（六波羅蜜）或修持儀軌，目的就是爲了要觀照到五蘊、十二處和十八界中的智慧。

在金剛乘裡，我們和五蘊、十二處、十八界中的智慧一起運作，將這些要素視爲諸佛菩薩的形體。金剛乘的修行方法是基於佛果來轉化自心，我們把自己觀想爲本尊，以便將智慧帶入我們的日常生活中。

佛陀教導了這三大項目（五蘊、十二處、十八界），讓我們能對治三種愚痴——和心理活動相關的愚痴；和物質（色）相關的愚痴；以及和心識相關的愚痴。佛陀也教授了許多不同的方法，來適應不同根性的修行者。

那些對「止」比較感興趣的人，喜歡簡單的修行方法。有些非常有智慧的人，只藉著研究修習五蘊，就能照見智慧。有些人雖然研究修習了五蘊，可是仍然保有愚痴和疑問，因此，需要研究修習十二處。研習了十二處後，有些修行者可能仍然有些愚痴，因此，需要進一步去研究修習十八界。

佛陀根據修行者的興趣和智慧程度，設計出這些不同的修行方法。我們不應該只是客觀地研究修習，應試著將研習的各個層面和自身及個人的經歷相結合。當我們把這些教導完全融入自己的生活中時，這些教導將會更加有意義。

無無明、亦無無明盡；乃至無老死，亦無老死盡。

佛陀已經超越了「生死之輪——六道輪迴」，以上的經文是指六道輪迴和輪迴的十二種因緣。

在佛法裡沒有所謂的第一因，我們生活在現在，而現在因過去而存在，有了現在就會有未來。我們無法實質去證明過去和未來是存在著，只能證明有現在。我們知道沒有過去和未來，現在不可能存在，因此依據相互依存的關係，我們能證明有三世（過去、現在、未來）。時間因業力而演進，業依著時間的進程來成熟，「因」和「果」跨越了過去、現在和未來。

在此刻，所有的一切都在精神上、身體上和情緒上變化著，所謂「當下」（現在）其實只是此時此刻時間上最小的一個單位。

如果我們延長這個「當下」，就變成了分鐘，接著成為小時、日、月、年。生命是由許多個當下累積起來的，我們這一生的經歷，也許如同一條直線，可是當我們開始檢驗這些「當下」是從何處開始時，卻不是一條直線。

在佛教裡，「生死之輪——六道輪迴」被描繪成了一個圓圈，來表示「無始」的眞諦。在相互依存的關係裡，我們找不到第一因。當《心經》記載「無無明，亦無無明盡」時，實際上是指輪迴的「十二因緣」。

「十二因緣」中的第一個因緣是「無明」，但這並不表示「無明」是第一因，「無明」仍然是和《生死之輪》裡的其他因緣相依相存著。「十二因緣」依次爲「無明」、「行」、「識」、「名色」、「六處」（六入）、「觸」、「受」、「愛」、「取」、「有」、「生」和「老死」。

根據佛教教理，有四種東西相互依存一起運作著，那就是心識、身體、情緒和業力，它們也跨越三世（過去、現在、未來）在運行著。

有情眾生時時刻刻一直在相依相存的輪迴裡，過去是現在的因，現在成爲了未來的因。我們因爲「無明」，也就是不了解自己的眞正性質而輪迴。直到證悟之前，我們將繼續以這種方式，在「生死之輪」中輪迴著。

問答

問：請問喇嘛，您可以多講解一點「法」這字的意思嗎？我被它的多重含義困惑住了。

答：Dharma（法）是梵文，它具有十種不同的含義。其中的一種含義是「佛法」，也就是佛陀的教導。而《心經》裡的「法」字並不是指佛陀的教導，而是指一切有條件性和無條件性的事物，這裡的「法」字包含了所有一切的事物。

我們通常對無條件性的事物會感到困惑，我們可能會想，如果「法」涵蓋五蘊、十二處和十八界，那麼「法」只是指和六根相關的有條件的事物。

我們需要在這裡澄清，從心識生起的心所緣境，可以是有條件的，也可以是無條件的。因此，「法」是指所有的情境，尤其是其他（五種）「根」的所緣境以外的那些塵境。

例如當我們想起無條件的事物時，可以想一想虛空。從無始以來，虛空一直在那兒，行星來來去去，恆星也是來來去去，銀河系形成又消失了，可是虛空一直在那兒。

問：請問喇嘛，可否請您再講一次「處」的含義？

答：「處」具有「生長」的意思，「眼識」是從基本心識生起的，健康的「眼根」是「眼識」之所以能看到一切「色塵」的媒介，見到色塵就是「長」，而「生」是指眼根為眼識生起的條件。

問：請問喇嘛，請您談一談「心」的梵文翻譯？

答：在梵文裡「心」有三種名稱，也就是意（manas）、心（chitta）和識（vijnan）。vijnan 翻譯為「識」，而「識」並不是基本心識，意（manas）和心（chitta）是指基本心識。

在基本心識結合「六根」的當下，產生出了「六識」。當您看到一個物體時，那是經由「眼識」在當下所感知的。正如我提到過的，最初見到物體的那一刻是沒有任何觀念的一種印象。

當您見到那個物體之後，心裡所產生的印象和「眼識」或「當下」並沒有任何關係。

「六識」一直在當下發生著，而我們如何消耗這些感官所接收到的訊息卻不相同。數百萬人可以同時看到電視上所播放的同樣影像，因爲我們的眼睛實際上並沒有消耗掉這些影像。聲音也是如此，戲院裡高朋滿座的人們，可以聽到同樣的音樂，而並沒有消耗掉這個音樂。佛陀說我們會消耗掉香原子，很多人可以聞到同一個氣味，可是您所消耗掉的香原子，不能被其他的人消耗掉，味道是個人所享用的，觸也是個別的體驗，香、味和觸是每一個人個別消耗掉的三種塵。

我們用同一個「識」字，但是它具有許多不同的含義。「意識」是一種覺照，甚至當沒有其他五種根的塵境時，「意識」也能起作用，我們心裡所有的影像、夢境及各種記憶都和「意識」有關。

如果我們修「止」，剛開始時可以專注於一朵眞的藍花，之後閉上雙眼在心裡也可以看到這朵藍花，只要對那幅影像沒有任何念頭和想法，我們的情緒就不會介入其中，而當下我們有和六根相關聯的六種識。

「意」被稱爲一種根（感官），但是它並不是物質體。「意」被認爲是一種根，因爲「意」也有在當下產生的「識」，這就是爲什麼，在十二處和十八界中有「意根」和

「意識」。

如果在體驗的層次上來研習（根、塵、識），可以增進我們對十八界的了解。在某些金剛乘的儀軌裡，各種根、塵和識被表徵爲佛性天女，也就是觀想色塵是佛性天女、眼根是佛性天女、自己也成爲了佛性天女。

在金剛乘裡，各種根、塵、識的空性被表徵成了佛性天女。當我們修持像儀軌這麼清楚的日課時，就能將自己的體會更徹底地融入我們的日常生活中。

如果我們是南傳佛教的修行者，從四念處到八正道共有三十七道品，而在密續金剛瑜伽母的儀軌裡，這三十七道品是以身壇城裡的三十七位空行母來表徵。

我總是會回到這句話，「哪裡有空，哪裡就有一切。」空讓各種事物能相互依存的生起。以我們的層次，一切事物依然是從貪、瞋、痴生起的。當事物從智慧、空性生起時，那是清淨的，那就是證悟。

金剛瑜伽母身壇城裡的三十七位空行母，就是三十七個智慧的化身。當事物從愚痴和輪迴而產生時，就有執著和好惡，當事物從智慧而生時，就是涅槃。

輪迴和涅槃之間的差別是——哪裡有愚痴，那就是輪迴；而哪裡有覺照和智慧，那就是涅槃。

問：是否所有的「十八界」都可以被歸納在「十二處」裡？

答：是的，所有的「十八界」都可以被歸納在「十二處」裡。唯一的差別是在十八界裡，十二處中的「意處」，被列舉成爲了「六識」。

佛陀在十八界裡教導我們，「意」如何透過我們的根門在運作。佛陀將「意處」列舉成爲六種不同的識界，而「法處」涵蓋了一切有條件性和無條件性的事物。

十八界可以被歸納在十二處裡，而十二處也可以被歸納在五蘊裡。唯一的例外是「法處」，它涵蓋了無條件性的事物，而五蘊不包括無條件性的事物。

前十種物質性的處屬於第一種色蘊，而「意處」屬於第五種「識蘊」。然而「識蘊」不包括無條件性的事物，但是第十二種處，也就是「法處」，它涵蓋了無條件性的心所緣境，因此，「法處」是唯一不能被歸納在五蘊裡的處。

問：請問六識在哪裡？它們是否和事物有關係，或只是和心有關係？又或者是和心相

互作用的關係呢？

答：六識是分開生起的，當您經由眼根看到某個物體時，第一刻的感知稱爲「眼識」，那是基本心識透過眼根（眼睛和視神經）在觀看。視覺的體驗是靠眼根、色塵、心識三者和合在一起而產生的。

正如我所提到過的，缺少了這三種因素中的一種，我們就不會看到東西。如果色塵在眼前，而且眼根是健康的，但是心識分散，我們就不會看到眼前的色塵。這三種因素必須同時在一起運作，如果心識集中，而且眼根健康，但是色塵卻太遙遠，我們也不會看見它。如果色塵在近處，而且心識集中，可是眼根卻壞了，我們也無法看到這個色塵。

這三種因素在當下一起運作著，但是它們也是分開的。我們不能說「眼識」和「眼根」相同。我們也不能說「眼識」是它所感知「色塵」的一部分。這三種因素相互依賴著，但是它們是不同的因素。

當《心經》說「無眼」時，並不是說我們瞎了！而是指我們現在有智慧之眼了，能觀照到我們從未見過的東西。平凡的肉眼是情緒化的眼睛，被我們的業力和情緒等條件限制住了，因爲這個原因，我們所看到的並不是眞實的。我們所見到的和「清淨之見」比較起來，跟「業之見」有更多關係。當我們喚醒了智慧之眼時，就不再被「業之見」所迷惑了，所見到的將是究竟的，將是眞實的。

薩迦派著重三現分的教授，這三種層次的現分是——「不淨之見」、「覺受之見」和「清淨之見」。諸佛已經覺醒，具有智慧之眼，因此，諸佛是透過「清淨之見」來照見一切。

11

十二因緣 1-5

我們在前一章裡，探究了五蘊、十二處、十八界，這些都是佛陀（所教導）的系統，來研習自己、各種塵境客體和整個宇宙。這些教授被稱為「地」或「基」，當我們了解「蘊」、「處」、「界」時，就了解了生命輪迴的根本，它們（蘊、處、界）是我們修行解脫的基礎。

我們是否會一次又一次、一生又一生的受苦？或是否能解脫自在？這完全取決於我們內在的狀況而定。

無無明、亦無無明盡；乃至無老死，亦無老死盡。

以上經句是指「心」的真正性質是清淨的。佛教把「心」的清淨性稱為「佛性」，在這個無始以來就是清淨的性質裡沒有「無明」，因為沒有「無明」，因此，也不可能有「無明盡」。

只有當我們已經了悟了「超越的智慧」時，才能照見這個清淨的性質。當我們見到「心」的真正性質時，就體驗到了清淨的佛性，那時就沒有破壞性的情緒和任何業力需要我們去淨除了。

雖然這種純淨的性質是我們的眞正性質，大多數的人卻還沒有發覺它。我們的生命因「無明」而起，如佛法所描述的「生死之輪」一直循環著，圓形的輪表示輪迴沒有起點。

如果我們能找出第一因，那麼，我們的生命將是直線而不是圓圈。一神論宗教裡有一位造物主，祂被視爲創造萬物的第一因。

然而，在佛陀教導的「生死之輪」裡，生命是沒有起點的，只是「因」和「果」之間相互依存的持續週期，每個「因」都依靠著另一些「因」和「緣」而存在著。

我們能確定先有雞後有蛋嗎？雞是由蛋孵化出來的！因此，在這個循環裡，我們不能說誰先生出來，相互依存就是這樣運作著。

第一種因緣——無明

《心經》裡所說的「無明」是「生死之輪」裡的第一種因緣，當《心經》提到「老死」時，是「生死之輪」的最後一種因緣，這十二種因緣（也稱十二緣起支）互相聯結在一起。

佛陀根據時間的進展教導了「生死之輪」，我們的現在世是從受孕的那一刻開始，一直到死亡的那一段時間。

在受孕的那一刻之前，是否有什麼東西存在著？爲了回答這個問題，佛陀依據三世，也就是過去世、現在世和未來世，教導了十二因緣。基於三世的因果關係，我們的現在世是過去世的果，而現在世將是未來再投生的因。

雖然，我們學到「無明」是「生死之輪」的第一種因緣，但是，如果我們想到過去、現在和未來，就無法確認「無明」是第一因，因爲，連無明也有它生起的原因。

相互依存（緣起）是佛教裡最重要的哲理，根據非常清楚的原理和邏輯，來解釋一切事物如何相依相存地開展出來。

即使在佛法的認知裡，對相互依存的關係，仍然有許多不同的詮釋。所有佛教教派都贊同緣起，但是，在四大佛教學派的哲理中，有許多不同的解釋。如果依據「應理論宗」（毘婆沙宗）的「分位緣起」來研習十二因緣，對我們會更有用。「分位緣起」著重（不同時間階段中）最顯著突出的特定因緣，雖然，（每個階段）都具有五蘊顯現在無間相續的時間中。

「無明」這個詞在「生死之輪」裡，代表著我們往昔所累積的所有一切破壞性情緒，「無明」涵蓋了貪欲和瞋恚。

研究「生死之輪——六道輪迴」圖時，我們會看到貪、瞋、痴這三種破壞性的情緒被表徵成了各種動物。痴被描繪成一隻豬、瞋被描繪成一條蛇、貪被描繪成一隻公雞。

這三者（貪、瞋、痴）被一起表徵在第一種因緣「無明」裡，展示了這三種情緒是如何相互依存著。我們因爲愚痴而有貪欲、因爲貪欲而有瞋恚，這三種破壞性的情緒聯合在一起運作著。

在「生死之輪——六道輪迴」圖裡，「無明」也被表徵成一位盲人，這表示我們不僅不明白外在的情境，而且也不明白自己的眞正性質。

正如我們已經研習過的，「無明」是所有破壞性情緒的根源。在十二因緣裡，「無明」是指往昔的一切破壞性情緒。因爲那些往昔的破壞性情緒而有了第二種因緣，那就是「行」。

第二種因緣——行

第二種因緣「行」是指我們所有的心理活動，如同第四種蘊一般，它是指業力。在「生死之輪——六道輪迴」圖裡，第二種因緣「行」通常被表徵爲一位正在做陶器的人，所有身、語、意的行爲都包含在第二種因緣裡。

「無明」表示往昔所有一切破壞性的情緒，而「行」是往昔的所有一切業力，因此，這前兩種因緣是過去世。

依據佛教的宇宙觀，有三界——欲界、色界、無色界。其中有六道眾生——人、畜生、餓鬼、地獄、阿修羅和天神。

色界比欲界高，色界的眾生更有福報，他們不需要像我們這樣，以強烈的情緒來消耗物資。

比色界更高的是無色界，充滿著沒有形體且具有甚深禪定的眾生，但是，他們仍然還沒有證悟解脫。

當我們讀誦普賢願王或任何一部佛經時，可以看到佛陀在經中提到無量無邊的行星和世界，甚至現代科學也開始說宇宙可能是無限的，我們可以想像有多少眾生，生存在無量的星球上！

佛陀說在所有這些行星系裡的一切有情眾生，都可以被分類歸納在欲界、色界和無色界之中。

之所以提三界是想說清楚，十二因緣並不適用於所有眾生，十二因緣主要是對人類而言。

佛陀曾經教導（眾生）有四種不同的出生方式。有些眾生是「胎生」，例如人類和許多動物。有些眾生是「卵生」，例如鳥、龜及魚類。有些眾生是由濕和熱結合在一起而生的（濕生）。第四種被稱爲「化生」，就是有些眾生沒有母親，奇蹟般地在一瞬間顯現而生。

在「生死之輪——六道輪迴」圖裡，十二因緣所依據的是人的各種生命階段，因爲佛陀教導過人身最利於修行。十二因緣不一定適用於無色界的眾生，以及奇蹟般化生出來的那些眾生，十二因緣是幫助我們人類來修行的。

「無明」和「行」這兩種因緣與過去有關，被認爲是「過去世」。往昔基於五蘊的各種行爲所累積的任何破壞性情緒都是「無明」，因爲各種心理活動和五蘊所積累的任何業力就是「行」。

「無明」和「行」是決定我們現在世的因緣，有句佛教偈語說：「欲知前世因，今生受者是。」我們可以看看自己現在的身體、情緒、心境、行爲及所有狀況，來做爲自己過去世的視窗。我們現在所體驗的是自己過去所做的，而我們現在的行爲，將決定自己的未來。

這就是爲什麼十二因緣分爲過去世、現在世和未來世，十二因緣根據三世相互依存著，只有透過時光的運行，才能證明這種相互依存的關係。

我們生活在現在，而現在是基於過去，因爲有過去和現在，我們能夠證明有未來，否則，我們如何知道未來存在？沒有現在當下的這一刻作爲依據，將很難證明有過去和未來。過去已經逝去，而未來尚未來臨，如果沒有現在，我們如何能證明有過去和未來呢？

當我們年老時，會積聚許多回憶和經驗，心裡儲存著這些年來所有的歲月，過去只存在於我們現在生活的記憶中。

我們會規劃未來，計劃自己的下個假期或退休事宜。之所以計劃，那是因爲我們相信有未來，基於過去和現在已經發生了的事實，我們相信一定有未來。

我們可以看到，在了解十二因緣的因果關係上，時間扮演著一個整體不可或缺的角色。在「生死之輪——六道輪迴」圖裡，我們不能說：「這是第一因，這就是起點。」在「生死之輪——六道輪迴」圖裡，每個因緣之前都有其他的因緣，基於那些破壞性的情緒和業力，我們被逼迫不斷地在輪迴著。

之前我們已經探討過，心的性質是清淨的，完全沒有破壞性的情緒。由於心的性質中沒有無明和破壞性的情緒，因此，不具有業力，它是自在的！沒有什麼須要去清除的。

我們所修持的各種佛法，都是發覺內在眞正性質的方法，一旦發覺了自己內在的眞正性質，我們就體悟智慧了。

目前，我們完全基於煩惱的情緒和業力在生活著，只要仍然有破壞性的情緒和業力，我們就會生生世世陷在痛苦的輪迴中。當我們察覺到輪迴之苦時，就可以開始淨化和還滅（逆轉）那些累積的惡業。

最後，我們會充分地淨化，達到可以觀照自己眞正性質的程度。一旦照見了眞正的性質，無明就停止了。當我們了悟智慧時，無明和業力就止息了，生死輪迴也止息了，那時我們就開悟親證佛性了。

透過禪修和積聚福慧資糧，我們可以淨化自己的所有惡業，最後，見到自己的佛性。只有透過這種還滅的過程，當我們照見了自己的眞正性質時，才能自在解脫。

第四個聖諦（道諦）是還滅的方法，向我們展示了如何來逆轉十二因緣，從所有苦痛中解脫出來。佛陀在第四個聖諦裡所開示的八正道，是還滅十二因緣的方法，非常合乎邏輯，也非常實用。

第三種因緣——識

過去世的「無明」是五蘊所產生的一切破壞性的情緒，「行」就是過去世五蘊所造的所有業力，基於過去世的「無明」和「行」，經由第三種因緣「識」，我們的現在世就受孕而產生了。

如果您觀察「生死之輪——六道輪迴」圖，會看到心識是用猴子來表示！在許多佛法教授中指出「心如猿猴」，「生死之輪——六道輪迴」圖裡的猴子，代表最初受孕時的心，從這顆像猴子般的心，我們的現在世就開始了。

我們是如何受孕的？心識是如何跟卵子和精子結合在一起的呢？現在我們可以看到各種圖解，模擬卵子和精子如何結合在一起，但是，這些圖解無法顯示破壞性的情緒在受孕時的角色，不能展示我們的心識是如何被困在父精母血之中。

心識並非物質，受孕時那一刻所帶來的，就是我們前一世死亡後留下來的心識。爲了要了解受孕是怎麼一回事，我們必須先了解死亡的過程。

如果能完整記得死亡的過程，我們就能了解是如何受孕的。但是，我們很少記得是如何死的。大部分的人在極端痛苦中死去，通常難以承受，導致在死亡的過程中失去了意識，當我們在無意識的狀態下死亡時，便很少對死亡有任何記憶。

現在大部分的人使用止痛劑，在非常麻木的狀況下死去，通常會被注入大量的嗎啡，鎮靜劑使我們幾乎睡著了，因此，什麼都不記得。

當我們無知地死去時，就像進入非常深的睡眠，醒來時什麼都不記得了。沉睡是對死亡非常好的一個比喻，而對於再投生之前的中陰身時期，夢境是這個階段非常好的比喻。

我們的經歷會被任何烙印在心識裡最強烈的習慣模式（習氣）所支配控制，如果我們非常憤怒，憤怒便會遺留在心識裡，如果我們一直執著，那種執著就會繼續保持它的強度。

執著是跟隨著我們最久的情緒之一，我們非常牽掛自己的家人和所愛的人。如果仔細觀察，會發現我們通常比較執著於異性，女兒通常和父親比較親，兒子和母親比較親，而情侶之間有非常強烈的執愛。

執著自己所愛的人，這是我們死後極爲強烈的情緒之一。同樣的，我們的心續會在下一世繼續尋找那種執愛，之所以追尋愛，那是因爲愛會讓人感到非常快樂，我們想再次體驗那種幸福快樂。

當我們和過去世親愛的人之間，有某些業和習性的聯結，這一世相見時，往往會深深地感到似曾相識和非常親切。地球上居住著數十億以上的人，我們爲什麼只被某些人吸引？爲什麼某個人會把自己吸引過去？

如果我們將出生爲女孩，在受孕的那一刻，往往執愛著自己的父親。如果將出生爲男孩，在受孕的那一刻，則是被自己的母親所吸引。我們的心識經由卵子受孕之後，卵子和精子便結合在一起了，自己的心識就像三明治的餡料般，被夾在父精母血之間。

佛陀記得生與死的每一個過程，並且幫助我們去了解這些過程是如何進展的。對我們來說，欲望（貪）和愛是相同的，我們經由欲望去追尋愛。我們還沒有證悟，所以有貪愛，由於根本無明而無法見到自己內在的佛性。

當夫妻有了他們的第一個孩子時，許多家庭會出現緊張的關係。三是一個奇數，您知道嗎？當第一個孩子誕生時，夫妻之間的關係通常會轉變。父母之間的其中一人會很關注孩子，而另一人可能會感到有點被忽視！甚至可能會生起一些反感。

「無明」和「行」因緣，決定了我們將如何受孕，以及何時受孕。第三種因緣「識」的根基就是我們過去的情緒和業力，基於過去身、語、意的行爲，以及和那些行爲相關的各種煩惱情緒，這些因素決定了我們將在何處受孕。

第四種因緣——名色

從受孕的那一刻起，被稱爲「名色」的第四種因緣便開始了。「名色」是五蘊的另一個名詞，在此必須澄清，五蘊在第三種因緣（識）裡就已經顯現了。

當我們的識被禁錮在卵子和精子之間時，所有的五蘊就在那裡了。在那段時期裡，識是最顯著的，但這並不表示識是獨立存在著，它仍然是和卵子、精子及我們的情緒相互依存著，我們的業力也在那兒，所有的五蘊也在那兒，但識是其中最突出的。

我們的現在世就從「識」開始了，從受孕的那一刻起，胎兒便開始發育，所有的感官（根門）都在不同的時期成長了出來，它們並不是在受孕時一起出現的。

如果我們研究胎兒的發育過程，便會發現各種感官需要許多個星期，才能逐漸發育完成。從受孕一直到所有感官發育完成，就是第四種因緣「名色」的時期。在「生死之輪——六道輪迴」圖裡，以旅客乘船的圖像來表示，用船和旅客來表示「名色」，其中包含了五蘊，象徵由受孕直至各種感官發育完成的過程。

「色」是指第一種色蘊，「名」則是指其他的四種蘊——受、想、行、識，因爲它們是無形的，所以被稱為「名」。

當我們的感官（根門）發育完成時，就能感受到外在的塵境。眼根讓我們感知各種視覺的塵境，鼻子讓我們聞到氣味，甚至當我們還在母親的子宮裡時，某些根門就已經開始感覺到各種外境了。

第五種因緣——六處

在第五種因緣「六處」（亦名六入）的時期，嬰兒的各種感官根門已經發育完成了，各種塵境也在那裡，可是嬰兒還沒有開始享受那些塵境，因為這個原因，第五種因緣「六處」只有十二處裡的六種處，也就是只包含六根而不包括六塵。

我們應當試著去體驗，把對十二因緣的了解帶入禪修中，而不是止於知識上的研究，這樣可以幫助我們開始逆轉還滅這些輪迴的因緣，朝向解脫。

正如已經提過的，「無明」和「行」前兩種因緣和我們的過去世有關。而第三至第五種因緣，也就是「識」、「名色」、「六處」，它們和現在世有關，我們的現在世是從第三種因緣「識」開始的。

在「生死之輪——六道輪迴」圖裡，「六處」是有很多門窗的一棟房屋。這些門和窗是指眼、耳、鼻等感官，表示我們經由這些門戶來感知外在的世界。

十二因緣並不是佛陀捏造出來的，那是基於生命在過去、現在、未來三世中，發展的過程和相互依存的關係而來的。

科學家們總是試著去尋找一個獨立存在的生命起源，他們可能會說，人類最早是在非洲大陸某處開始的，科學總是試著尋找某些最初的起點。

十二因緣沒有起點，是無始無終的循環，不是基於第一因，在佛法的認知裡，沒有創造一切萬物的造物主。

問答

問：喇嘛，請問我們的夢是否有些真實性？如果能記得我的夢，是否可以將夢境視為某種訊息？那些夢境是否顯示了和生活有關的一些事？

答：我們可以修習夢瑜珈和睡眠瑜珈，這些大多取決於晚上做夢的時間和對夢境的解讀。

有些夢和過去世有關，有些夢境是未來的一種預兆，夢和我們的情緒和業力有很大的關係。

通常我們會夢到所渴求的事，如果我們很想享用某種物品，而且在醒著的時候無時無刻都在想，它往往會在夢裡出現。如果我們根深柢固的執著，還沒有從意識裡淨化清除，它們便會浮現在我們的夢境裡。

一旦業力完全消除，遠離執著和欣厭時，那些貪欲或瞋恨的物境，將不會再進入我們的夢中。

如果飲用一杯美味的印度奶茶完全滿意後，我們就不再渴求了，這種沒有執著的享受，在現實人生裡非常稀少，我們反而會更渴求那些好的經驗。當享用了美味的食物後，往往渴求的心會更加強烈，想重複的體驗那種樂受。

如果能夠淨化清除意識中的執著感和欣厭心，它們就不會經常在夢裡出現，我們的心就不再帶著執著和欣厭（的情緒）。

修習夢瑜珈和睡眠瑜珈非常重要，也非常實用。我們都需要睡眠，大約有三分之一的生命用在睡眠上！能把這些時間也用來修行，將會非常有效。

問：如果我們突然慘死而忘了佛法的修持，應如何防止自己墮入三惡道？

答：如果您在世時非常努力地修行，成就了某種層度的了悟，那麼，即使在非常悲慘的死亡情境下，心識仍然能保持覺照，可以保護自己（不墮落），這就是爲什麼有許多關於死亡和瀕臨死亡的教授。

最好的修行者在死亡前便見性成佛了，次一等的修行者在死亡的那一刻證悟。死亡是證悟佛性最好的時機之一，在死亡的過程裡，有一段心識和身體分離的時間，如果在世時有良好的禪修基礎，當心識離開身體的那一剎那，就是見到清淨光明心性的好時機。

瑜伽士們形容見到清淨光明的那一刻，如同母親見到兒子。「母光明」是我們一直都擁有的，就是那個與生俱來的清淨心，而「子光明」是我們透過禪修所培育出來的，在死亡時「子光明」和「母光明」相會，合而爲一。

《西藏生死書》描述了我們死亡時四大分離的過程，首先是地大分離，接著水大、火大、風大依序分離。

如果我們沒有任何禪修的經驗，死亡時可能會感到非常痛苦，四大分離的過程非常恐怖。

當地大分離時，臨死之人可能會感到失去重心，覺得身體飄浮起來或往下墜，會請求旁邊的人攙扶。當水大分離時，臨死之人會感到非常口渴，急著要喝水。當火大分離時，臨死之人會失去體溫。當風大分離時，除非臨死之人有很深的禪定，否則，將會失去意識。

如果還沒作好準備，即使是天然死亡，也會感到非常悽慘，四大分離以及心識和身體分離的經歷，相當恐怖。

如果已經發展出一些覺照，當面臨心識和身體分離的悲慘過程時，我們的心就能保持覺照，清醒地放下身體而不致失去意識。

關鍵在於我們還活著時便練習禪修，當禪修穩固時，即使在緊急的狀況下，也能毫不費力地保持覺照。

我們活著時所做的任何修行，將會決定我們面對衝擊或悲劇時的心識反應。當難以抵擋承受的緊急狀況發生時，我們容易陷入震驚的狀態，因恐懼而癱瘓。研習佛法和禪修能讓我們做好準備，以正念覺照應對那些狀況。

問：請問破瓦法和超度儀式是為剛往生的人做的，還是為過世很久的人做的呢？

答：兩者都可以，超度儀式可以爲在任何地方、任何時間往生的人來做。超度是一種將功德迴向給亡者的儀式，無論他們往生至何處，都能得到利益。

破瓦法是將神識遷引到淨土去，可以在死亡時或之後做。如果您已經確定會死亡，或者想要利益已經過世的某個人，都可以請喇嘛幫您做破瓦遷識法。

死亡的經驗依各人的業力和情緒而定，有些人的神識會從身上不同的孔道而出，如口、鼻、生殖器或肛門，在神識離開身體出去的孔道處，會見到膿血流出的徵兆。

這些孔道表示不同的煩惱，也顯示了將去哪一道投生。如果在死亡時修破瓦法順利成功，神識會從頂門而出。

12

十二因緣 6-10

「生死之輪——六道輪迴」是佛陀在經典中對優陀延王說的，在梵文裡「生死之輪」被稱爲 **Bhavachakra**，**Bhava** 的意思是「有」，隱喻從無始以來我們一直不斷地再投生。**Bhava** 這個字通常被譯爲「生命」，而梵文的意義更深入，這個字和生命在輪迴中不同階段的生存形態有密切的關係。

當我們聽到「生命」這個名詞時，可能會認爲那只是指目前的這一生。大多數的人並不認爲死亡是生命的一部份，往往將死亡看成是遠離生命的事，而 **Bhava** 這個字卻包含了死亡，成爲生命存在的其中一種狀態。死亡時我們依舊存在，我們的識並沒有停息，我們的心在死亡的那一刻，並沒有消逝。

假如死亡是生命的完全止息，那麼，死亡之後心識就不存在了。「生死之輪」涵蓋了出生、生存、死亡及再投生之前中陰階段所有瞬間的狀態。

佛陀教授了十二因緣，讓我們了解眾生如何一直不斷地再投生。十二因緣是研究我們現在世的一個好方法，也提醒了我們，從無始以來，我們已經以不同的生命形態一直輪迴到現在。

在「生死之輪——六道輪迴」裡，有六種不同的眾生——地獄、惡鬼、畜生、人、阿修羅和天神。佛陀說這些眾生雖然有非常不同的形態和特性，每個眾生卻有相同的潛力。我們在不同的世代裡，基於業力和情緒投生爲不同的生命形態，但是，我們都有佛性，都有證悟成佛的潛能。

某一世，我們可能投生爲深海裡的一條魚。另一世，我們可能是原野裡的一頭乳牛或犛牛。某些時候，我們可能因很強烈的瞋恨心，投生爲地獄眾生，在地獄道受極大的痛苦。其他時候，我們可能因貪心和慳吝，投生爲餓鬼。

這些教授和人的關係最爲密切，佛陀說在六道眾生中，得人身是修行最好的機會，人具有達到證悟最大的潛能。

剛學佛之人可能會認爲，天上的神一定更接近佛，實際上那些天神很少經歷痛苦，因此，對修行沒興趣。祂們的生命非常長，而且舒適快樂，實在沒有任何動機去修行和累積更多福德。最後，善業耗盡，投生至六道中較低的道去了。

當我們說「有情眾生」時，必須記得這些眾生是無量無邊的，眾生的數目沒有限量，並且和我們一起在輪迴中不斷地流轉著。

五蘊、十二處和十八界幫助我們了解自己的經驗和對他人的感受，而戒、定、慧三學能幫助我們覺醒。

當蘊、處、界仍然被無明染污時，我們便持續的陷在輪迴裡。當我們以智慧來對治無明時，就可以逆轉還滅出輪迴，最後，終於見到了佛性。

第六種因緣——觸

第六種因緣稱爲「觸」，當我們的六根在母親子宮裡發育完成後，某個時刻就會接觸到六塵，當根、塵、識結合在一起時，「觸」就產生了。

「觸」就是三種因素（根、塵、識）結合在一起的那一刻，在「生死之輪——六道輪迴」圖裡，以夫妻擁抱之圖來表示「觸」，象徵六根和六塵互相接觸。

第七種因緣——受

第七種因緣是「受」，在第一瞬間的「觸」之後，緊接著就有了感覺或「受」。

「受」因三種根本的破壞性情緒（貪、嗔、痴）而起，由於這個原因，在「生死之輪——六道輪迴」圖裡，它是以一個被箭射穿的眼球來表示！象徵「受」的本質是痛苦。

當透過「觸」滿足了欲望（貪）時，我們會感到幸福快樂。當「觸」無法滿足我們的欲望時，會感到瞋恨、痛苦和不快樂。即使是中性不苦不樂的捨受，也是根源於我們無明的破壞性情緒（痴）。

正如之前已經探討過的，貪、瞋、痴三種根本煩惱情緒是我們五種感受（苦、樂、憂、喜、捨）的根源，一切感受都可以被歸納爲滿意、不滿意和中性的捨受。

在發育的某個時期，胎兒會開始有一些覺受。我的母親曾說，懷孕時一定要注意飲食，如果吃了很熱的東西，胎兒會感到不舒服。

經由觸而產生各種感受的這個時期，一直持續到我們長大有性行爲的能力時。「受」的極點是和配偶性交達到最高潮的那一刻，這是欲界中最高的樂受。

「受」來自於六種感官（六根）的知覺，每個感官都能體驗到快樂、痛苦或捨的感受，這些感受源於六根，而我們如何去體驗這些感受，卻是基於（貪、嗔、痴）三種根本的破壞性情緒。

當欲望被滿足時，我們便感到幸福快樂。當瞋恨時，會感到痛苦和不快樂。當沒有任何強烈的感受時，這種中性的捨受，它的根源是愚痴。我們以爲「受」是因塵境而起，也許塵境的確有一些影響力，然而，我們對塵境的感受，大多取決於自己當下的情緒。

我們知道這是事實，因爲同一個塵境可以讓大家有不同的感受。只要是所愛的人，而且滿足了自己的欲望和需求，我們和他在一起會感到非常幸福快樂。如果他不再滿足自己的需求或背信忘義時，同一個人可能會帶給我們非常多的痛苦，即使那個人沒有讓我們情緒激動，也可能會感到無趣厭煩而想忘掉這個人。

這證明了每個塵境都具有激發苦、樂、捨這三種感受的潛在能力，我們以爲「受」是由各種塵境所引起的，實際上它是基於我們內在的狀況、情緒和業力而起的。

大家都知道，「受」是盲目且極端變幻無常的，這就是爲什麼，佛陀選擇了被箭射穿的眼球圖像，來表徵「受」和第一個聖諦「苦」有關。

在幸福快樂的背後仍然有煩惱，這些感受的根源是貪和痴的情緒，因此，幸福快樂的感受是我們未來痛苦的原因，甚至捨受也是未來的苦因。那幅眼球被箭刺穿的圖像，表示「受」的本質就是「苦」，甚至幸福快樂的感受，也是因爲根本的破壞性情緒而產生的。

這就是爲什麼，所有的受都被稱爲「dukkha」或痛苦。「苦諦」也包含了喜、樂和捨的感受，它們都是苦的一種形式，因爲它們都是由破壞性的情緒和業力所引起的。

第八種因緣——愛

第八種因緣是「愛」或渴求，我們越感到舒適快樂就越渴求，這就是爲什麼佛經警告我們，舒適快樂的感受就像喝鹽水，喝得越多就越渴。

「愛」通常是在青少年時期，當我們有各種感受且已經長大到能夠發生性行爲的階段。青少年時期有強烈的情緒，非常敏感不穩定，往往開始反叛，想要獨立。他們之所以反叛，大多只是因爲想要擁有追求快樂的自由。這個渴求的階段，它的特徵是具有重複不斷去享樂的能力。

我們越享樂就有越多的感受，這種享樂的方式可能會上癮，吸毒就是一個很明顯的例子。吸毒會產生舒適愉快的感覺，但是，在快感消逝的那一刻，渴求卻更加強烈。

在「生死之輪——六道輪迴」圖裡，「愛」是以一個正在吃喝的人來表徵，吃得越多就越想吃，在我們的生命裡，充滿著許多痴迷的嗜好，「愛」導致了下一個階段，那就是「取」。

第九種因緣——取

第九種因緣稱爲「取」，是習性（習氣）造成的結果。由於我們的習慣形成嗜好而上癮，對物境產生了更多貪欲。

在「生死之輪——六道輪迴」圖裡，「取」是由一個伸手摘水果的人或猴子來表示，讓人聯想起夏娃在伊甸園裡伸手摘蘋果的景像。

因爲享用會消耗資源，增加了我們對所貪愛的各種物境的需求。這個因緣顯然就如吸毒成癮般，一旦吸毒的人有了高潮的經驗，就想重複去經歷那種感覺，上癮的人會持續增加藥量，最後變得非常依賴毒品。

第十種因緣——有

第十種因緣稱爲「有」，因爲我們「取」而造了更多業。我們已經討論過，爲什麼Bhavachakra 這個字中的 bhava，在「生死之輪——六道輪迴」圖裡表示「有」。我們通常以爲出生的那一刻是我們存在或「有」的開始，事實上在母親懷胎九個月時，我們就已經存在了。這就是爲什麼，這個因緣是由一位孕婦來表徵，在「生死之輪——六道輪迴」圖裡，「有」始於受孕的那一刻。

死亡的那一刻，也被認爲是「bhava」或「有」的一種狀態。根據佛教，即使我們死了，心識也沒有停止。從我們死亡的那一刻，直到受孕之前，是「有」的另一種狀態。

生命有四個存在的階段，就是出生（再生）、生存、死亡及死亡後的中陰。由於我們對物境「觸」、「受」、「愛」、「取」的因緣，因而經歷了這四種「有」的狀態，又更進一步加深了業力和情緒，我們就這樣繼續陷在這四種「有」的輪迴裡，雖然，存在的狀態改變了，心識卻一直持續著。心識之流持續存在於四種「有」中，才是「bhava」的眞正意義。

正如已經提到過的，十二因緣基於（過去、現在、未來）三世，形成了一個相互依存的循環。前兩種因緣「無明」和「行」是我們過去世的破壞性情緒和業力。第三種因緣至第十種因緣，也就是從「識」一直到「有」是我們現在世的經歷。

談到過去、現在、未來，我們的五蘊持續無間地存在於這三世中，十二處和十八界跟我們成長的各個階段比較有關，五蘊卻一直在那兒。佛陀曾說，即使死亡之後，當心識尋找受孕的機會時，仍然有微細的五蘊存在著。

問答

問：請問喇嘛，什麼是中陰？

答：中陰是我們死亡之後到下一生受孕之前的一種狀態，在中陰的階段裡，我們的識仍然微細地持續著。據說中陰的眾生，有極爲微妙類似於他們來生的外形。如果死者將出生爲一隻狗，中陰時微妙的身體，可能已經顯示出一些狗的外形。

問：請問喇嘛，「一味」這個佛學名詞是什麼意思？

答：「一味」是指體會到一切性空，都是佛性。當我們成爲覺者時，所有的一切都一樣，皆無差別。

目前，我們相互依存的生活，五花八門變化多端，有無量無邊的眾生和數不清的物境。然而，這些人、事、物的眞正性質是空性，「一味」就是指那個眞正性質。

證悟了「大手印」的人，具有一切皆空的相同體驗。雖然，在世俗世界裡有無量多不同的體驗，但諸佛見到一切如一味。「一味」就是照見了眞正性質（勝義諦）而不是相對（世俗諦）的一種體驗。「味」在這裡，並不是一種舌根的感受，「一味」並不是感受或感官的體驗，是融入最終眞理（勝義諦）的一種體悟。

當我們開始體悟一切都是性空時，對出離就會有一些信心，如果我們捨棄那些渴求的事物，便能開始體驗到一些自在了。

13

十二因緣 11-12

無無明，亦無無明盡；乃至無老死，亦無老死盡。

「十二因緣」通常也被稱爲十二緣起支，《心經》裡的這些經句，只提到十二因緣中的第一種因緣和最後一種因緣。

「無明」是第一種因緣，而「老死」是第十二種因緣。正如我們已研習過的，「生死之輪——六道輪迴」是一個持續進行中的循環，「無明」第一個出現在「生死之輪」上，可是這並不表示它就是創造一切的第一因，即使是「無明」也必定有它產生的因緣（原因和條件）。

「無明」仍是相互依存的一種顯現，第十二種因緣「老死」也是如此，它並不是「生死之輪」的終點。我們必須記得，第一種因緣（無明）也有它產生的原因，最後一種因緣（老死）仍然有它所造成的結果。

十二因緣就像深奧的線索，研習十二因緣可以發現生命的本質。我們從無始以來就輪迴著，既沒有第一因，也沒有最終的果，我們可以在過去、現在，未來三世中見證這十二種因緣。

三世中的現在只是一瞬間。很久以前，人們用水滴來測量時間，或者依據太陽的運行來測量時間，現在我們發明了標準的時鐘，在一分鐘內，我們甚至可以彈指六十次，那什麼是我們能測量到的最短時間呢？

我們能把時間縮短到最小的毫秒，也能把時間拉長到過去或未來。我們不記得很久以前發生的事，因此，過去帶著非常神祕的色彩，而未來尚未來臨，所以也相當神祕，因爲（未來）神祕難解，我們很難相信有再投生這件事。

我們相信有昨天，因爲自己記得最近發生的事。我們也相信有從出生到現在的這段時間，因爲我們有一些證據，可能是自己嬰兒時期的照片，或是家人講了些關於自己的故事。

正如已經提到過的，十二因緣建立在過去、現在、未來三世的基礎上。經由三世，我們能證明有業力和因果，現在的每個結果都是（導致）未來結果的原因。

十二因緣提供了一些我們過去世和未來世的憑證，否則來世只是一個參考，我們可能會認爲來世是一個謊言，因爲沒有人能把來世帶到目前。

基於時間的進程和業力我們會再投生。許多學生問我：「如果我們無法看到和證實再投生，如何能相信死後會再投生呢？」我總是問他們：「您相信有明天嗎？」

我們都活著，並且計畫著明天的到來，由於相信有明天，因此會預定每天的各種事務。因爲我們今天存在著，而且記得有昨天，所以我們相信有明天。

如果以哲理的方式來教授十二因緣，可能會有些複雜。當我們簡化這十二因緣時，就可以看到它們只是基於三世而顯現。它們的根源是因果，而因果的根源是業力這個天然的法則。

就像那些古老的問題，「先有雞或先有蛋？」或「芒果的種子和果實，哪一個先有？」果實可以成爲種子來培育未來的芒果，人類之所以會存在也是如此。

佛陀教導我們，業力造成了我們的現況。地球就像由人類共業所造的一棟大房子，我們造了這個星球，並不是地球造了我們。

在《俱舍論》裡，佛陀非常清楚地提到，宇宙是無量無邊的。我們知道科學也越來越證明這是事實，天體物理學家現在看到，甚至只在我們的銀河系裡，就有超過八十億個星球可能適合生命居住，目前，仍然有無以數計的其他銀河系和宇宙，無法被偵測到，因此，宇宙中有無量無邊的眾生。

有一天，人類可能終於會遇到一位從遙遠星球來的外星人，長得一點都不像我們。對那個外星人來說，我們也是外星人，看起來非常奇怪！

說到這裡有無限的可能性，因爲有無量無邊的心識，並且有無量無邊的（生命）形體可以投生。由於我們造了無量無邊的業，結果形成了無量無邊的眾生和星球。

如果您到紐約的自然歷史博物館，可以看到一些資訊，知道有些生物居住在最深的海底，還有一些生物可以在熔岩裡生存，那些是在火山裡生活的眾生！在地球上也有生物能夠生存在南北極，那些是在極端寒冷氣候和冰中生存的眾生。

佛教說地獄道中有寒冰地獄和熱火地獄，也許令人難以捉摸，直到我們去了一個像自然歷史博物館的地方，見證到各種不同形式廣泛的生命體，可以證明的確有生活在極端（寒熱）狀況下的眾生。

因爲相互依存的關係，業力和煩惱造成了我們現在的心識和身體。由於我們過去世的情緒和所造的業，因此，現在世投生爲人，而現在世的業力和情緒，會決定我們未來世將投生爲那一類眾生。

我們可以把十二因緣分爲四種類型——煩惱、業力、心識和身體，每個因緣都可以被歸納安置在其中的一種類型之下。

第一種因緣（無明）、第八種因緣（愛）、第九種因緣（取）屬於第一種類型——煩惱。第二種因緣（行）和第十種因緣（有）屬於業力。第三種因緣至第七種因緣（識、名色、六處、觸、受），以及第十一種因緣（生）和第十二種因緣（老死）是生命體，也就是心識和身體。我們可以把十二因緣，分別納入這四種類型。

第十一種因緣——生

第十一種因緣是「生」，指未來再投生，它的定義是「受孕或投生後再出生」。未來將如何再投生，這完全依個人的情緒和業力而定，情緒和業力決定了我們是否會在子宮裡受孕再生爲人。

正如我們已經探討過的，有四種不同的投生方式（四生）——胎生、卵生、濕生、化生，化生的眾生會奇蹟般地顯現出來。第十一種因緣的「生」和我們未來如何投生有關係，而投生在何處？這完全根據我們所造的業而定。

那些較高層級的天道眾生可以化生，祂們不像我們這樣，受孕後痛苦地被生出來，甚至色界的眾生也不像我們這樣受孕。

大多數的人在子宮裡受孕，但是，有時業非常清淨的人，也可能以化生的方式顯現。據說在黃金時期，人們只有很少的煩惱和業力，當人們越天眞純潔時，就有越多的人奇蹟般地化生出來。

佛教故事中曾提到卵生的人，但是，化生的人更多，如蓮花生大士就是奇蹟般地顯現在一朵蓮花上，另外還傳說有人因濕熱而生。總之，所有眾生都是以四生其中的一種方式誕生出來的。

第十一種因緣是指未來世再投生，基於現在世的業力和煩惱，我們將以這四生其中的一種方式再投生，誕生在三界（欲界、色界、無色界）其中的一界裡。在欲界裡，我們可能會投生爲六道（地獄、惡鬼、畜生、人、阿修羅、天）中任何一道的眾生。

第十一種因緣的「生」，並不是指我們現在世的生，那是過去的事，因爲我們已經出生了，這裡的「生」是未來世再出生，如果再生爲人，第十二種因緣「老死」就成立了。

第十二種因緣——老死

第十二種因緣是「老死」，涵蓋了未來世的四種因緣，也就是未來世的第四種因緣至第七種因緣（名色、六處、觸、受）。

從「名色」的階段一直到「受」，是一種老化的過程，我們時時刻刻都在老化。佛陀特別將這個因緣稱為「老死」，因為，有些眾生由於業力和煩惱的關係，還沒有老就死了，有些眾生可能剛受孕就死了，有些可能在子宮裡還沒出生就死了，有些可能在出生時死亡，其他的眾生在出生後老化而死亡。因此，佛陀將這個因緣命名為「老」和「死」兩個字。

理論上來說，「老死」是指未來世再投生之後，從受孕、五蘊發育成長、直到青少年時期，當您能體驗到很多種不同感受的時候。

正如之前提到過的，我們是否會一直輪迴、不斷重複地再投生？或是逆轉還滅超越輪迴證悟涅槃？這完全取決於我們的感受。

為什麼感受如此重要？如果我們活著只是為了追求舒適和快樂的感受，就會在一個永無止境的輪迴裡反覆地再投生。追求舒適和快樂是爲了滿足我們的貪欲，我們因此而追求著各種感官上的享受，追求著理想的對象和事物，所以被逼迫著再投生。

如果我們練習禪修，並且修習佛陀教導的慧學和戒學，體悟了苦是感受的眞正性質，因爲苦而產生了出離心，我們就可以開始逆轉還滅出「生死之輪」。

《心經》中記載著：

無苦、集、滅、道；無智、無得、亦無無得。

這是指四聖諦。五蘊、十二處、十八界和十二因緣都是生命的基礎，也就是生命的現象。

四聖諦是「道」和「果」。如果我們修道，其結果就是體證圓滿無上的究竟智慧，超越所有痛苦。諸佛已經解脫自在無「苦」無「集」了，甚至無「滅」也無「道」了。

現在，我們在欲界裡有許多痛苦，這就是爲什麼，第一個聖諦是「苦」。要了解苦諦，我們必須研習各種受的眞正性質，我們非常執著舒適和快樂的感受，而諸佛聖賢們已經照見了舒適和快樂的眞正性質，結論是舒適、快樂、甚至中性的捨受都是一種苦。那些覺悟的眾生，照見了舒適快樂只會導致更多痛苦，因此，他們修習出離結果便解脫自在了。

佛陀教導我們，有三種苦——苦苦、壞苦、行苦。「苦苦」涵蓋了我們身體和心理的所有痛苦，它的根源是瞋恚。

「壞苦」的根源是我們的貪欲和執著，由於貪執舒適和快樂的感受，因而成爲未來不快樂的原因。所有的一切都一直在改變著，沒有任何人、事、物可以保持不變，當舒適和快樂的感受消失時，我們可能會感到非常痛苦。

第三種苦是「行苦」，根源於我們的愚痴和捨的感受。因爲無常，所有的東西都會衰壞，在我們依於因緣有條件而存在的生命裡，死亡是無法避免的。

苦、樂、憂、喜和捨，所有這五種感受都離不開三種苦（苦苦、壞苦、行苦），它們之所以是痛苦的根本原因是煩惱，這些感受的根源就是貪、瞋、痴三種煩惱的情緒，當我們了悟到苦是這些感受的眞正性質時，就能產生一些出離心，可以開始修心，捨離這些破壞性的情緒。

《心經》說「無苦」，這裡的苦是指四聖諦中的「苦諦」。在「生死之輪——六道輪迴」圖裡，前兩種因緣「無明」和「行」是煩惱和業力，因此和第二個聖諦「集」有關係。第三種因緣到第十種因緣（識、名色、六處、觸、受、愛、取、有）是心識和身體，它們和第一個聖諦「苦」有關係。

第二個聖諦是在研習造成我們苦的各種因緣（原因和條件），就是《心經》中說「無集」的「集」，「無集」是指那些破壞性的情緒已經不再存在，而且和那些破壞性情緒相關的業力也不存在了。

前兩個聖諦是我們如何經由十二因緣在「生死之輪」中輪迴再生，第三個聖諦「滅」和第四個聖諦「道」，展示了我們如何能逆轉還滅出生死輪迴，達到自在解脫，而逆轉還滅就從體悟到所有感受的眞正性質（苦）開始。

當我們體悟了所有的感受最後都會導致不滿足時，就可以開始出離了，也就是我們在修行道上皈依三寶的那一刻。皈依就是爲了修習出離心，我們下了「生命的本質就是苦」的結論，爲了要超越「苦」，一定要生起出離心。

我們正在修行，遠離造成所有痛苦的各種原因和條件，因爲有出離心，修行會更有效率。我們現在正在修慧來對治愚痴、修定來對治瞋恚，並且持戒來對治貪欲。

佛陀的教授可歸納爲三學（戒、定、慧），能使我們從三種根本的破壞性情緒（貪、瞋、痴）中解脫出來，這三學就是「道」，它們和第四個聖諦相應，也就是八正道。

在這裡，我們強調修慧，因爲它是最重要的，能對治愚痴，也就是「生死之輪——六道輪迴」圖裡的第一種因緣「無明」。爲了根除無明，我們必須在慧學上有很好的修習，同時持戒和修定也很重要。愚痴（無明）是貪欲和瞋恚的根源，因此，慧學是三學中最重要的，它能正確地引導（我們修習）戒學和定學。

只持戒和修定但是沒有智慧，不能幫助我們超越輪迴，這就是爲什麼，修習《心經》是非常必要的。「超越的智慧」能使我們所持的戒和所修的定也可以幫助我們超越輪迴。

當三學圓滿成就時，苦就滅掉了，那就是涅槃，也就是解脫自在，這和第三個聖諦「滅」相應。那時我們將從所有破壞性的情緒和業力中解脫出來，永遠不再（因煩惱和業力的逼迫而）投生，決定不會再被煩惱和業力逼迫而受孕。

被業力和煩惱逼迫再投生時，我們沒有任何自由意識。沒有人願意變老，沒有人願意生病，但是我們都會生病和死亡，在輪迴裡沒有任何眾生例外。當我們被業力逼迫而生死輪迴時，會感受到非常多的痛苦。

四聖諦是佛教的骨幹，「道諦」是南傳、大乘和金剛乘佛教徒共同遵循的修行方法。雖然彼此之間修行的方式有些不同，但核心教義是相同的，這些教授是治癒我們痛苦的方法。

在我們的生命裡，痛一直是一種威力強大的感受。當頭痛時，我們只顧著頭痛而無法想其他的事。當頭痛劇烈時，我們會去看醫生，爲自己的痛苦尋求醫療上的解釋，一旦醫生找到了病因，我們會接受那是頭痛的根源，頭痛就是這些原因和條件（因緣）所導致的結果。

同樣的，當我們感受到很深的痛苦時，可能會轉向心靈的提昇，試著透過修行來診斷痛苦背後的眞相，因而發現了痛苦的原因是（貪、瞋、痴）這三種破壞性的情緒和它們所造成的業力。就像在醫療模式中一樣，一旦我們能正確的診斷，就可以對症下藥，有了治癒的方法，也了知了所有不同的治療方案。

在佛教裡，治癒的方法就是「道諦」，如同藥能治病，佛法修持有時也被稱為藥。慧學、戒學和定學就像三種不同的藥，當您服用了這三種藥而完全康復時，痛苦便止息了，這就是涅槃。在這裡「道」是因，「滅」是我們遵循道諦修行的結果，也就是涅槃。

在「生死之輪——六道輪迴」圖裡，十二因緣顯示了輪迴中的各種因果。第三個聖諦「滅」和第四個聖諦「道」，教導我們如何經由（戒、定、慧）三學逆轉還滅十二因緣，證悟涅槃。

這裡，我們只對四聖諦做了非常簡單的解說，如果詳細研習，每個聖諦都有四層義意，共有十六層義意，能讓我們對如何逆轉還滅出生死輪迴，有更深入的了解。

問答

問：「我執」的起因是什麼？有產生「我執」的原因嗎？或是像基督教的原罪？是我們與生俱來的一種本有無明？

在我的生命裡，經歷了一些我覺得「我執」非常強烈的階段。然後，有一段時間可能覺得沒有我執，但是它總會回來。是什麼原因導致了「我執」？或是沒有原因，因為「我執」並不是真實存在著？

答：我們如何能知道什麼是眞實或不眞實的呢？這和我們心識所投射的影像有關，對不同的人會有不同的結果。更大的問題是「爲什麼我們有無明？」，如果它不是第一因，什麼是產生無明的原因呢？

據我所知，「我執」和執著的主要原因是「受」，它是造成無明的原因之一。

問：請問喇嘛，慈悲是否是一種感受？

答：是的，慈悲可以是一種感受，也可以源於智慧，這完全取決於其根源是我執或無我。

自私的慈悲因我執而產生，是有限的。例如我們對自己所愛的人，會有惻隱和慈悲心，如果是自私的，我們就不會對仇敵有同樣的慈悲和惻隱之心。這種有限的慈悲心，根源於我執，只是一種感受而已。

佛陀的慈悲是無我的，並不是一種感受，它的根源是佛陀的智慧。佛陀的慈悲沒有選擇和分別性，對每一個眾生都是平等的。

有三種慈悲心——緣人、緣法（現象）和無緣（無條件）的慈悲心。第三種慈悲心是最高的，那是「無緣大悲」，是因爲認知了人無我和法無我而產生。

佛陀的慈悲是基於智慧，已經完全了悟到沒有「自我」和「我」，佛陀不需要「感受」慈悲，佛陀一直體現著慈悲。

佛陀的慈悲就像陽光一樣穩定，總是照耀著，但是，我們是否能感受到佛陀的慈悲，那完全取決於個人的狀況而定，如同是否能見到陽光，這和我們在地球上的位置有關，有些人在陽光裡，而有些人在黑暗中，但是，那並不是因爲太陽停止照耀了。

佛陀一直在顯現著慈悲，那是一種非物質無形的顯示。在經中曾經提到，佛陀慈悲的極致顯現是教導了慧學，因爲慧學有淨化無明的潛在能力，能消除一切苦的根源。

佛陀的教導仍然在（世間）彰顯著，雖然佛陀已經入涅槃了，但是，他的教授依舊在各地傳播著，這些教授是佛陀慈悲的極致顯現，因爲它們具有使我們解脫的力量。

14

無苦無集

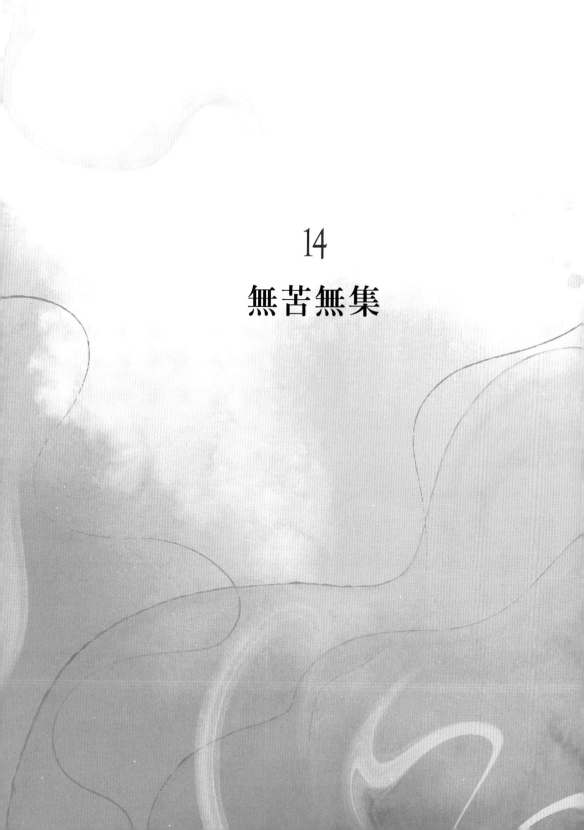

無苦、集、滅、道；無智、無得、亦無無得。

正如我們已經研習過的，基於心識、身體、業力和各種破壞性的情緒，我們週而復始地經由十二因緣在（過去、現在，未來）三世中輪迴著，現在世依過去世而有，並且也是未來世的因，我們的心識、身體、業力和各種破壞性的情緒，持續不斷地在三世中互動著。

我們就這樣一直在六道輪迴中輪轉，如果仔細觀察「生死之輪——六道輪迴」圖，我們能在圖中看到三界——欲界、色界和無色界。

在佛教的宇宙觀裡，即使是最高層次的天道，仍然處於輪迴中。無色界的眾生有非常高的世俗禪定工夫，因爲修止而有很強的禪定力，可是他們仍然沒有超越輪迴。

這些無色界的眾生通常被稱爲「天道眾生」（也稱爲天人或天神），祂們處於非常平和的狀態，但是，當善業耗盡時，這些最高的天人會墮落，投生在三惡道中。這就是爲什麼，佛陀說人身是修行證悟最好的機會。

在三界裡的六道眾生，還沒有從終極的痛苦中解脫出來，甚至天神也會受到變化、無常和死亡等痛苦的影響。

在「生死之輪——六道輪迴」圖裡，我們可以看到死主閻摩鬼王口噬掌握著整個輪，這說明任何眾生只要一出生就必定會死亡，任何事物只要被製造了出來就必定會損壞，所有眾生都無法避免無常和死亡。

在輪迴裡，最大的恐懼是無常和死亡，這是因爲我們非常執著於自己的身體和生命。沒有人願意死，卻被業力逼迫而死，結果往往非常痛苦，因爲事與願違，所以有這麼多的痛苦。有些人在臨命終時無法放下，有非常強烈的執取，使死亡變得極端痛苦。

宗教師們見過很多經歷死亡的人，他們可以見證，要某些人放下是非常具有挑戰性的，特別是那些活著時造了較重業的人，那些導致生命毀滅、暴力犯罪的人，死亡時特別痛苦。在安寧病房工作的人也說，他們一再見到，那些生活陷入困境，有許多問題尚未解決的病人，臨命終時特別掙扎。

在輪迴裡，死亡是最大的痛苦之一，眾生都一定會經歷死亡，因此，我們不斷地追求舒適和快樂，努力地試著不去注意這個無常的事實。

我們是否會繼續輪迴？或是開始逆轉還滅出輪迴？這完全取決於我們對「受」的眞

正性質理解的程度而定。如果我們對舒適和快樂有強烈的執著，就不會生起逆轉還滅出輪迴必備的出離心。如果我們持續地執著和渴求，就會一直不斷地再投生。

在「生死之輪——六道輪迴」圖裡，我們也可以看到佛陀在上方。佛陀已經成就了「超越的智慧」，了脫生死，超越一切痛苦了。

正如已經提到過的，佛陀經由自由意識投生。諸佛菩薩之所以再生是爲了利益眾生，這種自由的再生並不是被逼迫的，也沒有痛苦，那是基於菩薩的大願，爲了利益所有一切有情眾生，因爲慈悲而再轉世投生，這不是各種破壞性情緒所造成的結果，他們不需要修行，因爲已經證悟了。諸佛菩薩由於智慧而生起了無量的慈悲，因此，倒駕慈航再回來幫助其他眾生。

第一個聖諦「苦」能讓我們完全了解各種「受」的痛苦本質。沒有任何人希望痛苦，但是，直到透徹地了知痛苦的眞諦，我們會一直想經由追求更多舒適和快樂來避免痛苦。

問題是我們越追求舒適和快樂的感受就越不滿足，慾望會越來越多，當我們無法得到所希求的東西時，會感到更不安和更不舒服。《心經》中說「無苦」，就是解脫了所有的痛苦，包括從舒適和快樂的痛苦本質中解脫出來了。

「Dukkha」這個字被譯爲「不滿足」，不論我們多麼依賴一些人、事、物，都沒有恆久的滿足感。就如之前提到過的，佛陀說追求舒適和快樂就像喝鹽水，越喝越口渴。

在（苦苦、壞苦、行苦）三苦中，我們很難認清壞苦，那是因爲「壞苦」與舒適和快樂這些我們認爲是正面的感受相關，我們不知道這些好的體驗是苦的另一種形式。這就是爲什麼，我們不斷地追求舒適和快樂，盲目到讓這些追求造成我們更不滿足。

我們對「行苦」也很無知，它的意思是出生就是死亡的開始。每一刻我們都在趨向死亡，一切有情眾生有生都必有死，甚至當我們睡眠時，以及有美好的體驗時，仍然正在一步步地接近死亡，正在老死。這種狀況在我們的生命裡，產生了一種潛在的痛苦。

當我們終於認清了這三種苦時，就能體悟到所有「受」的本質就是「苦」，最終都是不滿足。所有一切感受的根源都是貪、瞋、癡，這三種根本的破壞性情緒。

「無集」是指沒有（貪、瞋、癡）這三種破壞性的情緒了，如果我們能夠淨化貪、瞋、癡，就可以超越所有的三苦和痛苦的原因，也就是超越了引起「行苦」的「癡」，超越了導致「壞苦」的「貪」，以及超越了造成「苦苦」的「瞋」。

當《心經》說「無滅」和「無道」時，這是指第三個聖諦「滅」和第四個聖諦「道」。由於有三種苦和造成這三種苦的原因，因此，道諦提供了三學來對治這些苦的原因。道諦中的戒、定、慧三學能超越這三種苦，並且對治引起這些苦的三種根本破壞性情緒（貪、瞋、癡）。

慧學能對治「癡」超越「行苦」，戒學能對治「貪」超越「壞苦」，定學能對治「瞋」超越「苦苦」。

第四個聖諦就是八正道，包括正見、正思、正語、正業、正命、正精進、正念和正定。八正道中的每一個分支都和慧學、戒學或定學對應著。

在人類的生命裡，「貪」是最強烈的情緒。我們因爲「貪」想吃美食，我們想看到或聽到的一切事物，想觸摸或消耗的一切物品，都根源於渴求和執著。

在論典裡說，由於我們的貪欲非常強烈，對所感知的事物有很深的執著，因此，剛開始禪修時可能會覺得非常困難。如果去閉關，就可以察覺這種現象，當我們離開了舒適的家時，可能有相當的挑戰性，沒有任何所執著的物境，只剩下自己一個人，剛開始可能會有些害怕。

我們帶著身體和自己的心去閉關，那時會開始發現我們的生命是多麼依賴其他的人、事、物。我們思念朋友，想看電視節目，想聽喜愛的音樂，渴求喜歡吃的食物。我們初次意識到，自己這麼依賴這些外在的事物。

我們越依賴就越脆弱，當依賴的事物消逝時，我們會感到非常不安，這就是為什麼佛陀教導了戒學。

戒律是遵循因果自然法則的一種修學，我們不殺生、不偷盜，改變自己的行為和習性，在生命裡找到了更大的平安。當我們依於自然法則過著平安的生活時，許多優良的品質就開始在我們的心裡成長。

如果忽視了因果業報這個自然法則，我們的痛苦將會增長。如果殺害了其他眾生，我們的業力就變得很重，樹立了更多仇敵，我們可以在黑手黨的故事裡，看到這種惡性循環，流血衝突和家族仇恨一代一代傳下去，暴力造成了更多暴力，為了報仇互相殘殺著，這種循環沒有止境。當造了這些惡業時，會完全沒有安全感，總是害怕失去生命或被攻擊。

生活在欲界裡，為了要消除對人、事、物的欲望，我們一定要持戒。當我們的生活越規律時，禪修就會越強而有力。

沒有了戒律，禪修將變得非常困難，我們的心會一直忙碌著，即使是以像禪修的姿勢坐著，我們的「猴子心」仍然停不下來，一直追逐著渴求的物境，或者停留在破壞性的情緒裡，充滿者喋喋不休的思緒，或是昏沉恍惚。

當我們持戒越嚴謹時，禪修的定力就越深，當定力深時，就能開發出大智慧，三學就這樣互相增上。

我們的生命起於無明，因此，需要慧學做爲一種對治的方法。我們有數不清的生生世世，累積了各種上了癮的習性和對物境的執著，因此，需要戒學這個方法來對治一切貪欲。

在漸修道上，第一步是以持戒來對治貪，下一步是以修定來對治瞋。只有修習了戒學和定學之後，我們才能開始體悟智慧。

小乘、大乘或金剛乘佛教行者修行的方法可能不同，但是，基本修法都可分爲（戒、定、慧）三學。這是因爲我們都有同樣的三種破壞性情緒，（貪、瞋、癡）在我們的生活中運作著。

一旦我們完成了三學的修學，達到最高境界時，就了悟到「滅」，體悟涅槃了。但是，我們必須記住，這不是眞正的獲得，證悟並不是基於積累修學而得到的一種外在成就。

證悟如同清洗髒衣服，我們非常努力把衣服上的污垢洗乾淨，可能會認爲清洗乾淨的衣服是我們所得到的智慧，事實上我們只是發現了早就在那兒的智慧。智慧是我們的眞正性質，一直都在那些污垢下面，而且一直是清淨的，我們並沒有得到任何新的東西，只是洗乾淨了無量劫以來生生世世所累積的業障和煩惱，終於見到了我們的眞正狀態。

這種天生的清淨就像清明的虛空一般，天空一直在那兒，但雲霧來來去去，暫時遮蔽了天空。當雲消霧散時，我們眞的得到了一個晴朗的天空嗎？從無始以來天空一直在那兒！只是雲霧改變了。

悟境並不是我們製造出來的東西，它從無始以來已經在那兒和我們在一起了。透過三學我們淨化了所有的業力和破壞性情緒，因此，能夠照見我們的眞正性質。

這正是《心經》中說「無智亦無得」的意思，這句經文是指那個一直沒有離開我們的智慧，「超越的智慧」並不是可以得到的，也不能說我們得到了或沒有得到什麼。

研習《心經》至此，我們對自己的生命現象有了一些了解，可以做為淨化自我的「根本」或「基礎」。我們知道無明如何逼迫著自己不斷再輪迴，也研習了如何結合四聖諦來開始逆轉還滅，從「生死之輪——六道輪迴」中解脫出來，讓我們得到一些自在。

道諦是逆轉還滅的方法，而要開始逆轉還滅出輪迴，我們必須認知所有一切「受」的本質都是苦，只有當我們有這種認知之後，才能開始放下，產生一些出離心，停止那些非常執著於外在物境的感受，變得比較隨和，開始看到一些內在的轉化和昇華了。

修習三學可以逆轉還滅，從六道輪迴中解脫出來。四聖諦是輪迴的解藥，道諦顯示了自在解脫的方法，讓我們的心識從業力和煩惱中解脫出來。

舍利子！以無所得故，菩提薩埵，依般若波羅蜜多故，心無罣礙。

一旦您自在了，就會一直安住在無畏的智慧裡。在我們目前的生活裡，擔憂害怕無處不在，因為我們仍然有自我，所以每一刻都感到擔憂害怕。我們基於自我而有執著，「我」的感覺多麼重要，它使我們產生了占有慾，因為執著自我，而產生了許多對其他外在物境的執著。

我們擁有越多財物，例如豪華的房子、昂貴的車子等，就越害怕失去它們。我們擁有的越多，就越沒有安全感。資本主義造成了非常多的貪欲，以及害怕失去的恐懼和不安。

高風險的股票市場是人心貪婪和害怕失去的典型範例，股市變化多端，當股票上漲時，大家開始買股票而且越來越貪心，當股票下跌時，每個人都開始恐慌，並且拋售股票。股市狀況瞬息萬變，可能會引發瘋狂的情緒和高血壓，時間像心跳般正在滴答滴答地消逝，我們可以在自己的心跳中，感到無常和恐懼的衝擊。

股市關閉後，股票交易員可能需要喝大量的啤酒、吃些東西和聽高分貝的音樂！作一些紓解壓力的事。第二天早上股市又開始了，這是一個無法緩解的週期。

我們越貪執就越怕失去，大家都非常執著自己的生命，對我們來說，任何威脅生命的事就是最可怕的事。我們終生試著避免受傷、生病和死亡，但無論如何我們終將一死！不論如何努力，我們最懼怕的事終將發生。

如果我們有很多瞋恨，可能會變得非常有侵略性，侵略性越大就會樹立越多敵人。我們可以在政客和企業領導身上清楚地看到這種情形，他們總是爲了權力在奮鬥著，但是，越爭鬥就越沒有安全感，他們的權力和侵略性完全建立在恐懼感上，那並不是無畏的力量。

當我們有很多愚癡時，會感到非常迷惑，因爲不知道該怎麼辦而產生許多恐懼，像在一個從來沒去過的地方旅行，常感到失落和無所適從。

我們可以看到，所有這三種根本的破壞性情緒如何帶來恐懼。這三種情緒因我執而存在，當我們無我時就完全自在了，沒有了這些破壞性的情緒，我們就從恐懼中解脫出來了。

只有安住在「超越的智慧」裡的證悟者沒有任何恐懼，由於他們無貪、無瞋、無癡，沒有任何心理障礙，因此，已經從恐懼中解脫出來了。

心理障礙有兩種，煩惱障是指瞋恨和貪執，而所知障是愚癡。

無罣礙故，無有恐怖，遠離顛倒夢想，究竟涅槃。

當成就了「超越的智慧」時，就體驗到了完全的自在，從顛倒夢想、無明、惡業中解脫出來了，《心經》裡說的「顛倒夢想」是指輪迴裡所有相對性的事物。

三世諸佛，依般若波羅蜜多故，得阿耨多羅三藐三菩提。

三世諸佛（過去諸佛、現在諸佛和未來將證悟的諸佛）透過慧學，依般若波羅蜜多而圓滿證悟成佛。

「般若波羅蜜多」或「超越的智慧」是無與倫比的，是至高無上的正等正覺，因爲超越了輪迴和涅槃，所以是圓滿的，已經從三輪（能施之我、受施之人和所施之物）中解脫了出來，也從自我、輪迴和涅槃中解脫出來了。「般若波羅蜜多」是聖潔的，因爲它超越了一切染污。

問答

問：喇嘛，請您再解釋一遍，四聖諦如何能幫助我們出輪迴？

答：關鍵完全在（十二因緣中的）「受」緣起上，當我們執著於各種感受時，就會繼續陷在「生死之輪——六道輪迴」裡，只有當我們認識到一切感受的本質都是苦時，才會開始產生出一些出離心。脫離追求舒適和快樂的感受是修道的開始，只有體悟到一切感受都是「dukkha」，也就是「苦」的一種形式時，我們才能出離。您了解嗎？甚至感到舒適也是一種苦，中性的捨受也都是苦。

當我們認識到一切受都是苦時，就體悟了第一種「苦諦」，而苦聖諦甚至包括了喜、樂和捨的感受。

《生死之輪》（十二因緣）中的「受」因緣，是讓我們持續陷在無盡輪迴裡或開始還滅出輪迴的關鍵。如果我們能觀照到一切受都是苦，就會產生一些出離心，開始逆轉還滅出輪迴。

正如我們已經討論過的，第一種因緣是「無明」。但是，在佛教裡沒有第一因，即使是無明也必定有起因，而「受」就是無明的因，這就是為什麼「受」因緣是至關重要的。

在欲界裡，我們第一個需要修學的是戒學，而是否能有效地持戒？這完全取決於我們是否對感受產生了一些出離心，對受的痛苦本質越了解，我們就越能持戒。

因爲我們追求舒適，所以大部分的時間是很散漫的。我們追求娛樂和瞬間的滿足感，因此，整個體育和娛樂行業都建立在這種需求上！

我們經常沉溺在三種破壞性的情緒裡，把它們誤認爲是喜樂。在派對裡，我們感到多麼自由，喝酒喝到酩酊大醉，暫時忘了自己。我們做了許多事，試著在輪迴裡找到一些紓解，然而在這個過程裡，我們使自己變得更加無知（愚癡）！

我們常說：「無知是福！」實際上，當您帶著可怕的宿醉在派對隔天醒來時，負面的感受反而增加了，您並沒有在那些破壞性的情緒中找到任何紓解。

我們越了解感受的本質，就越能持戒。我們認爲那些使自己歡樂的物境具有固定的價值，消耗越多想得到的物境，就會感到越快樂，但事實並非如此。

隨著時間的變遷，一切物境都將失去一些我們所希求的特性，變得老舊而沒有新鮮感。由於我們認爲這些物境應該帶給我們永久的舒適快樂，因此，開始不滿意，當我們感到厭倦時就汰舊換新，開始在生活中執取一些新的事物，但是，我們的貪欲和煩惱卻繼續保持不變。

15

遠離顛倒夢想

一直到成就般若波羅蜜多「超越的智慧」之前，我們仍然生活在顚倒夢想裡。在我們的生命裡，顚倒夢想因無明而起，從受孕的那一刻起，顚倒夢想就開始了，無明障蔽了一切，阻礙我們去發覺自己的眞正性質。

我們不知道眞正的自己是誰？因爲看不到自己的眞正性質，也無法看到他人的眞正性質。我們基於社會對自己的投影，以及我們的成就和個性，可能會認爲自己瞭解自己，實際上，我們對自己仍然渾然不知。只要還有根本無明，就有貪欲，由於無法見到空性，我們會繼續執著於生活中的一切事物。

這種情形在交往的關係中最明顯，我們對某人投射出許多浪漫的感覺，那是因爲我們不知道他們的眞正面目，當我們清楚地認識他們時，這些浪漫的影像就會消逝。

所有的貪欲都是顚倒夢想的一種形式，貪欲所帶來的舒適快樂，只會導致更多痛苦。貪欲驅使著我們去追求一些令人舒適快樂的物境，但是，這種追求同時只會帶來更多焦慮和不安。

當我們無法滿足貪欲時，會因爲挫折而感到痛苦，結果生起了瞋恨心，我們會對他人感到憤怒，甚至也對沒有生命的事物感到憤怒！如果車子發不動，我們可能會對車子發脾氣。如果天氣不好，破壞了在海灘上度過美好一天的計畫，我們可能會對氣候發脾氣。

我們生活在一個期望能及時行樂的時代，如果事情無法依照計畫進行，我們會非常沒有耐性。如果我們的電腦或手機壞了，可能會非常生氣。

我們可能會大吼大叫且亂丟東西來出氣，實際上這股怒氣正在傷害自己。我們被蒙蔽了，爲了這股怒氣，責怪外在的人、事、物，但是，事實上它來自於我們的內心。

情緒傷害我們的方式有許多面向，如果我們非常驕傲，可能會停止學習。傲慢能完全障蔽智慧，蒙蔽著我們，以爲自己無所不知，妨礙我們去學習更多的事物。當我們以自己的能力和聰穎爲榮時，往往使我們變得更無知（愚癡）！

歷史告訴我們，那些極端的自大狂對他們周圍（的人、事、物）造成了毀滅性的傷害。當統治者、政客或首席執行長越來越有權勢時，就越會被那些權勢所蒙蔽，他們對權勢的渴望一直在增加，直到做了許多錯誤的決定，造成自己的權勢衰敗垮臺爲止。基於這種模式，所有的王朝興起又滅亡了。

懷疑也能蒙蔽我們，如果有太多的懷疑和疑惑，我們的思維可能會變得極度焦慮和不確定。懷疑可能會引起許多知識上的辯論，但它不能帶來肯定，因爲不肯定，我們的信心會打折扣，修行就沒有力量。如果心存懷疑，我們就會癱軟無力，不能做好的決定或承諾任何事。

錯誤的見解（不正見）是最大的蒙蔽者，對受過高等教育的人來說更是如此。當我們有太多資訊和思辨性的知識時，就會有很多意見，因而形成了許多一成不變的見解。

我們必須去檢視這些見解和意見是否正確？我們所受的教育主要是物質層面上的教育，它增強了自己在國家以及物質世界裡的身份和地位。

我們的教育往往與自然法則無關，大多數的教育體系不相信業力。雖然有某些基本的道德觀念加在我們身上，但是，很少有任何關於因果法則的實際說明。由於缺少了對自然法則的解釋說明，我們無法從教育裡學到一些智慧。

許多傳統的靈修學派現在說，雖然我們認爲現代比較文明，但是正在失去某些整體性。雖然我們在科學和科技上有巨大的進步，卻正在失去智慧和整體的價值，失去了對人類至關重要的東西，正在進入一個黑暗時代。

印度教和佛教說這個黑暗時代是「爭鬥時」（Kali Yuga），我們外在的生活越來越明亮，地球上充滿著數不清的電燈，但是，我們似乎和經由修行而啓發出來的內在光明失去了聯繫。

在這個文明的社會裡，我們變得更沮喪、更憂鬱、情緒更焦慮。如果社會眞的在進步，我們應該會看到更多的轉化昇華，身心應該更健康和更積極正向，可是事實並非如此。

甚至生活在已開發國家中的人們，顯示出更高比率的焦慮症和憂鬱症。我們可能會認爲現在的社會已經非常文明和進步，但是，現代人似乎有更多精神上的疾病。

如果我們的社會非常文明、醫療保健非常好，爲什麼我們的病痛越來越多？爲什麼得精神病的人會增加？爲什麼五分之一的美國人正在服用某種治療精神病的藥物？

我們已經發展成爲一個高度文明的社會，卻失去了某些非常重要的東西，我們的生活不合乎自然法則，忽略了業感緣起、因緣果報的定律。我們想及時行樂，願意做任何事來避免業報的痛苦，然而我們卻無法永遠壓抑和忽視痛苦的根源，這種痛苦潛藏在我們的生活裡，如果不去深層地療癒，就會感到焦慮和不安。

很多人因爲不相信業力而選擇忽視自然法則，甚至有些現代的佛教徒不相信業力和來生。如果不相信業力，即使研習佛教也修禪定，只會讓您這一生的生活更放鬆、更舒適，不會深入地去轉化昇華。

這就是爲什麼，佛陀教導了「生死之輪——六道輪迴」，非常清楚地告訴我們，如果不相信業力，就不能開始去轉化，沒有一些基於過去、現在、未來的因果業報觀念，我們的修持就不能成就。

如果我們了解業由心造，而心念是連續不斷的，我們就可以依此推論，相信自己有過去世，將來也會有未來世。

如果不相信業力，我們就不相信未來會再投生、不相信有來生，修持忍辱及培養其他無法立刻得到利益的正面（善良）品性，就顯得沒有太大的意義。如果不能馬上看到結果，而且不相信有來生，我們就會變得非常怠惰，如果我們的努力沒有立刻產生結果，可能會認爲自己在浪費時間。

相信由五蘊所組成的自我，也是一個很大的障蔽。我們經歷了多生多世數不清由五蘊所組成的身分，已經薰習出了強烈的我執，對自己的身體、自己的感受、自己的想法、自己的心識，都有很強的執著。

五蘊是我執的根源，當我們修學智慧越來越深入時，將會體悟到無法找到任何獨立存在的五蘊，也無法在外在的客體裡，找到任何單獨存在的東西。

我們現在有許多對自己和生命的執著，大家都不想死，都希望自己永遠活著，也希望自己所執著的一切人、事、物都持續不變，永遠存在著。

相信有一個永恆不變的我，這種信念是一個大騙子。我們把自己周圍所有的人、事、物都投射成恆常不變，這種執著是盲目和違反自然定律的，它是一種否認（眞理）的狀態。

大家都知道有生必有死，不論自己是否喜歡，我們有一天都會被痛苦和死亡逼迫。總有一天，我們所執著的物境都會衰亡，然而我們卻不斷地欺騙自己，認爲所有的東西都是本有固定的存在著。

甚至執著於修道也可能是迷惑的原因。從前有一位尼師非常執著她的佛堂，她有一尊莊嚴的佛像，每當信徒到佛堂上香時，如果香煙燻髒了佛像，她就會生氣罵他們！

做爲一位修行人，我時常會見到執著修道的情況，有些人非常強調儀式和執著寺院，也有過分注重自己的外表或計較供養多少的情形。

在莊嚴的寺院裡，我們可能會執著於那些貴重的幢幡、美麗的色彩和造型，也可能會非常執著於一些規矩。許多出家人必須遵守過午不食的戒律，如果發生了某件事延誤了午餐，可能會有挫折感。

如果您太執著於戒律，戒律可能會成爲修行的障礙，您可能認爲只需要持戒，而忽略了慧學和定學。

另一方面，如果只追求學問而忽略了戒律，就失去了（修行道上）重要的東西。如果缺少了禪定或戒律，學者們將永遠無法照見智慧。

有一位大祖師說：「如果要登山，首先必須知道登山的所有技巧。」否則，沒有適當的方法，就會有危險。這是在提醒我們，修習禪定必須透徹，如果沒有禪修的訓練就去閉關，進展將非常小。

一個人可能會極端注重三學中的任何一學，但是，爲了要超越，我們必須結合並且修習全部的三學。如果我們太執著於其中的任何一學，三學就不會成爲達到證悟的方法。

甚至佛教也有四種不同的哲學理論（說一切有部、經部、唯識和中觀），每一派都認為自己的理論是最好的，阻止了他們去進一步超越。甚至在最高的中觀教派裡，也有多種論述，有些結論是「自空」、有一些是「他空」，還有一些的結論是「離一切邊見」。

如果用這些理論來禪修，我們就有機會找到智慧開始超越。如果從來不禪修，並且只執著於自己的見解，我們會變成極端主義者，只有非常微小的轉化。

即使您的哲學理論是「自空」，但是，如果執著於這個理論，您的自我就仍然在運作著。這個見解可能很高，可是您的自我正在擊潰您的見解，讓您繼續陷在輪迴裡，而不是得到解脫。

正如已經討論過的，我們會再投生於六道中，也就是地獄道、餓鬼道、畜生道、人道、阿修羅道和天道。

六道的因是和六道相對應的六種破壞性情緒——瞋恚、慳吝、愚癡、貪欲、嫉妒、傲慢，這是輪迴再投生的六種根本原因。如果死亡時非常憤怒，那種情緒能導致我們的意識投生在一個瞋恚的地方。如果死時愚癡心很強，會投生在畜生道。如果我們死時很慳吝，就會投生為餓鬼。如果死時嫉妒心重，會投生在不斷爭鬥的阿修羅道中。

那些修習般若波羅蜜多「超越的智慧」的聖者，他們已經見到了心的眞正性質，超越了六種破壞性的情緒，並不是被那些破壞性的情緒和業力逼迫而再投生，諸佛永遠安住在般若波羅蜜多裡。

我們仍然在破壞性的情緒中生活著，似乎過得很精采。對我們來說，佛陀的生活也許枯燥無味，但是，事實上佛陀的生活非常平靜安詳。

我們並不平靜安詳，當我們有越多情緒時，就會產生出越多感受。我們認爲這些強烈的感受，給了自己眞正活著的感覺！如果佛陀在我們當中，我們可能會發現他非常枯燥無味，佛陀永遠不會去酒吧，永遠不在乎任何運動、食物或娛樂節目。

我曾經和學生們測試過，讓他們看兩位當代大師的傳記，一本傳記的內容非常精采，寫著和我們類似的生活，另一本傳記非常傳統。我要求他們閱讀這兩本傳記，然後向我報告。當學生們閱讀那本精采的傳記時，他們說：「噢！我讀完了整本書。」當閱讀傳統的傳記時，他們說失去了興趣，有一位學生說她甚至睡著了！

蒙薇的西藏原文是「青契洛」，有些學者將這個字譯爲「錯誤的見解」。我們必須完全的超越假象、超越六道的六種破壞性情緒。

當檢視自己和所執著的物境之間的關係時，我們能清楚地看到，六種根本的破壞性情緒非常誤導人。俗語說：「情人眼裡出西施。」當我們檢視自己的親密關係時，那是多麼地顯而易見。

當我們有許多熱情和貪欲時，可能會以爲吸引自己的人是多麼的英俊或美麗。當我們生氣時，可能會發現同一個人醜陋不合意！或是隨著時間的增長，我們可能會有中性的捨受，覺得那個人枯燥無味。

這是同一個人，然而我們的內心狀況決定了自己如何去看待他或她，我們不是都體驗到貪、瞋、癡這三種情緒了嗎？

如果我們懷疑某人變心了，看看自己的感受有多激烈。如果在羅曼蒂克的關係裡，發現了某人不忠實，自己對那個人的印象會立刻改變，我們可以在同一個物境上，投射出許多不同的印象。

對於同一個物境，我們會瞋恚、慳吝、愚癡、貪欲、嫉妒和傲慢，這六種情緒一直在改變著。這些情緒蒙蔽了我們，使自己對各種物境有不同的體驗，然而這並不是我們的眞正性質，我們的眞正性質是智慧，在眞正的性質裡沒有愚癡、貪欲和瞋恚，也沒有慳吝、嫉妒和傲慢。

當您以智慧照見物境時，您的體驗會完全改變，這是第一次看到這些年來自己一直在妄想中！當您處於矛盾的情緒中時，會認爲這就是人生，永遠不會在這個範圍外思考。

我們必須了解，無論現在我們在生命裡體驗到什麼，所有的情緒都是視情況而定的，它們並不是永久性的，就像天空裡的雲來來去去，我們的眞正性質是那些雲朵上面永遠清明的虛空。虛空永遠是清淨的，虛空就像「超越的智慧」一樣，它超越了所有的雲——所有錯誤的觀念和所有的妄想。

諸佛一直生活在超越顚倒夢想的智慧裡，而我們尚未達到了悟的階段，仍然相信自己的錯誤見解。這些錯誤的見解是視情況而定和暫時性的，爲了超越這些錯誤的見解，我們一定要修行。

在佛陀的加持下，觀世音菩薩正在分享「超越的智慧」，正在明確地教導我們智慧的正見，也正在暗示我們要修持禪定和戒律。

問答

問：請問喇嘛，您能多講一些為什麼「受」因緣如此重要呢？

答：感受是一位好老師，一旦我們了解了五蘊、十二因緣和四聖諦之後，感受會成爲一位更強有力的老師。當我們觀照到各種受的痛苦本質時，這些感受就可以成爲朝著非常正面方向去改變的催化劑。

直到我們認識了那個痛苦的本質，「受」將是生命裡最具有蒙蔽性和破壞性的力量。缺少了教導和修行，「受」的本身是非常盲目的，一旦我們開始運用「受」來轉化內心，那將是一個非常殊勝的學習經驗。

「受」是情緒和業力的「果」，「受」也可以是「因」。當我們經由五蘊、十二因緣和四聖諦來了解「受」時，可以照見到，「受」的因是我們潛在的愚癡心。

第一個聖諦「苦諦」是修道的開始，當照見一切受都是苦的一種形式，甚至快樂和舒適也是一種苦時，我們就能產生出一些出離心，停止追尋所有欲求的物境和經驗。在十二因緣裡，「受」因緣是最重要的關鍵，如果能觀照到「受」就是「苦」的本質，並且產生出一些出離心，我們就可以開始還滅逆轉出輪迴。

問：請問喇嘛，您說六種根本的破壞性情緒逼迫著我們投生在一個特定的道裡。這是否是一對一的關係？例如傲慢逼迫我們投生為天人，貪欲逼迫我們投生為人，或是更複雜的關係呢？

答：是的，是有一對一的關聯性。正如我提過的，在死亡的那一刻，最強烈的情緒會決定我們將投生在何處。如果死亡時強烈的瞋恨壓倒了自己的意識，我們將會投生在地獄道裡。如果我們死時慳吝，就會變成餓鬼。如果我們死時愚癡，將會投生在畜生道裡。如果我們仍然有許多貪欲，就會再生爲人。如果我們死時嫉妒，將投生爲阿修羅。如果我們死時非常傲慢，就會投生爲天人。

這六種根本情緒直接和六道相關，直到我們完全證悟爲止，在生命裡都會有不同程度的這六種情緒，然而我們往往只注意到最活躍的情緒，當我們生氣時，可能感受不到任何其他的情緒。

我們在修行道上，應該記住死亡的最後一刻是非常重要的，即使我們的禪修並不完美，仍然是一個好習性，死亡時將會給我們很多幫助。如果我們每天修儀軌已經很多年了，死亡時會憶念儀軌中的本尊，護衛我們的心識。如果我們修持度母儀軌，死亡時就憶念度母，這將護衛我們的心識，遠離一切破壞性的情緒，因此，每天修行在我們死亡時會有很大的幫助。

我們可以看到自己的儀軌修持和禪修如何在夢中顯現，有時我們會做一個非常清晰的夢，在夢中見到度母，這是一個很好的徵兆，意謂著我們的修行正在增長，而且死亡時會記得這位本尊，因爲睡眠和死亡是非常相似的。

16

超　越

圓滿證悟的諸佛已經超越了五蘊、十二處、十八界，也超越了六道輪迴，這些是基本面向，諸佛甚至超越了（道果的）「道」，也就是「四聖諦」。《心經》說「無智、無得、亦無無得」是指修道所證悟的「果」，而諸佛甚至也已經超越了「果」。

我們可能會被「無無得」這個雙重否定詞困惑住了。在世俗世界裡，一切有情眾生經由五蘊、十二處、十八界一直不斷地流轉在「生死之輪——六道輪迴」裡。如果我們已經開始修心，並且了解了四聖諦，我們就已經在修道的路上了，透過修行，我們也可以得道證果而成佛。「無無得」是指「超越的智慧」已經超越了「基」（根）和「道」，甚至也超越了「果」。

舍利子！以無所得故，菩提薩埵，依般若波羅蜜多故，心無罣礙。無罣礙故，無有恐怖，遠離顛倒夢想，究竟涅槃。

這些經句是指「果」的利益。完全超越了「基」（根）、「道」、「果」的諸佛菩薩已經成就了「般若波羅蜜多」，他們沒有恐懼或罣礙，已經遠離顛倒夢想了。

三世諸佛，依般若波羅蜜多故，得阿耨多羅三藐三菩提。

諸佛是無量無邊的，如同眾生一樣，我們無法測出宇宙中有情眾生的數量，甚至難以想像在海洋裡有多少眾生？更別提一切無形的眾生了。有情眾生是無量的，諸佛也是無量的。

三世諸佛包括了在過去（劫中）證悟的諸佛，現在（劫中）證悟的諸佛，以及未來（劫中）將證悟的諸佛。

釋迦牟尼佛是現在劫（賢劫）一千佛出世中的一尊佛，當我們考量三世時，諸佛是無量無邊的。

過去、現在、未來（三世）和心識、業力、觀念想法密切相關，「超越的智慧」沒有時間的限制！當您照見到「超越的智慧」時，便超越了三世，這暗喻在過去世、現在世和未來世證悟的諸佛，都具有同樣的無上正等正覺。沒有什麼比「超越的智慧」更殊勝的了，它是神聖的，因爲它超越了一切有漏的事物成就了圓滿的證悟，而圓滿證悟是透過修學「般若波羅蜜多」或「超越的智慧」來完成的。

《心經》是一切諸佛至高無上的修學，然而對不同的佛教教派來說，卻引起了一些問題。《心經》是大乘佛教的經典，南傳上座部佛教並不接受《心經》，而大乘佛教卻確認這部《心經》是一切三世諸佛之所以證悟成佛的唯一修學，也就是無上正等正覺的修學。那麼金剛乘佛教密續的修行又是怎樣的呢？一般來說，根據金剛乘的教理，密續是至高無上的修學，認爲密續是證悟最快的法門。

在金剛乘的修行裡，密續、密咒和 **yantra**（獨特的瑜伽運動）結合在一起，因爲密續是心識（意）天然的相續之流，密咒是天然的語言（語），而 **yantra** 是身體（身）必要的所有修行。

我們有身、語、意，因此，我們需要所有這三種修行的方法。在金剛乘裡，持咒是一般的修行方法，而在《心經》裡也強調持咒，做爲一種漸修的方法。這些經句顯示了，我們如何能在《心經》裡，得到和修持金剛乘相同的持咒利益。

您可能會好奇，什麼是密咒？什麼是密續？密續就是「超越的智慧」，密咒也是「超越的智慧」。雖然「密咒」是密續金剛乘裡的專有名詞，但是同樣的體悟和眞實意也包含在《心經》裡。

故知般若波羅蜜多，是大神咒，是大明咒，是無上咒，是無等等咒，

在 mantra（密咒）裡的 man 字是指心識，tra 字是保護的意思，這兩個字合在一起是指無分別的智慧。般若波羅蜜多咒已經超越了一切的想法和概念，無論是否被稱爲密續，所體悟到的（智慧）是一樣的。

我們可能想知道，爲什麼這是一部大乘經典，卻包含了一個密咒？這個咒語跟體悟和眞實意的關係比跟密宗持咒的關係更深。修持《心經》這部大乘經典，您不需要接受灌頂，而修持密續的般若波羅蜜多，您必須先領受灌頂。

般若波羅蜜多是無分別智的密咒，是超越無明的「大明咒」，超越了「生死之輪——六道輪迴」，因爲沒有（比般若波羅蜜多）更高的覺悟，所以是「無上咒」。

當《心經》說「無等等咒」時，這是指成佛，佛是無等倫的，而這個咒語等同於佛果。

能除一切苦，真實不虛。

「超越的智慧」超越了所有一切痛苦。如果我們所依靠的是不眞實的東西，就永遠不會有成果，般若波羅蜜多是一個基於勝義諦的修行方法，當修持般若波羅蜜多時，我們知道自己可以成佛。依靠眞理就能抵達目的地，如果走在一條有良好標誌的路上，我們就不會迷路，如果走在一條誤導的路上，我們就永遠不能達到目的地。

故說般若波羅蜜多咒，即說咒曰：

怛雅他　嗡　揭諦　揭諦　波羅揭諦　波羅僧揭諦　菩提薩婆訶

「怛雅他」有「如是」的意思，也是「超越的智慧」的意思。「嗡」具有「吉祥」的意思，表示正確的因（正因）和正確的果（正果）之間相依相存的關係。「揭諦　揭諦」的意思是「去吧！去吧！」，指超越輪迴。「波羅揭諦」的意思是「去到彼岸！」，也就是超越涅槃的意思。

我們需要修哪些法來超越輪迴和涅槃呢？依據「般若波羅蜜多」的修行，我們所關注的是生起菩提心之後的主要修行方法，也就是「六度」（六波羅蜜）。「度」有「超越」的意思，因此，「揭諦　揭諦　波羅揭諦」意謂著已經超越了輪迴和涅槃，成就了圓滿的覺悟。

在開始修四加行時，我們談到累積福德和智慧資糧。然而，直到二者融合在一起之前，我們所積累的福德資糧將不會完美圓滿。

當我們將前五種波羅蜜或前「五度」納入自己的修行時，這是在累積福德資糧，對治自己的惡業和累積更多的善業。

第一個「揭諦」或「去吧！」也意指「資糧道」。「資糧道」包括了前五種波羅蜜的修持，也就是「布施」、「持戒」、「忍辱」、「精進」和「禪定」。我們越修持前五度，就越能減輕那些破壞性的情緒，以及因情緒所造的一切惡業。

我們修「布施」來對治自己的慳吝和貪欲，而「布施」波羅蜜不應當以所施物的價值來衡量。布施時總是有三輪，那就是施者、受者和所施物。

爲了轉化內心，我們修持布施波羅蜜，然而，受者和所施物是次要的，施者（自己）的發心才是最重要的。我們的生活中充滿了施與受，不斷地在交換著，我們慈悲的去支援那些需要幫助的人，對朋友和家人付出愛心，因信仰而虔誠地捐獻。在這些發心中，哪一種發心最具有轉化的力量呢？我們可以用同樣的方式，對每一種波羅蜜做詳盡的研究，使我們的修持更深入。

金剛乘的修行者修持四加行和大乘行者修持前五種波羅蜜所累積的福德資糧是相同的，前五種波羅蜜減輕了我們的惡業和各種破壞性的情緒，並且增長了正面性的情緒和善業。當前五種波羅蜜和智慧也就是第六種「般若」波羅蜜結合在一起時，它們就有了成爲圓滿的潛力。

第一個「揭諦」是指對治我們的惡業和累積福德（資糧道），第二個「揭諦」是指加行道。「加行」就是如何去運用我們所積累的福德，就像我們在戶頭裡存了足夠的錢，擁有一些資產可加以運用，如果沒有資本，就沒有什麼可運用的了。

我們通常非常矛盾，而福德資糧能夠給我們一些力量。我們有愛和恨、有激情和慈悲心、有愚昧無知和智慧，對我們現在來說，每一種正面情緒都有相對應的破壞性情緒，這些感受一直在內心人天交戰著。

完成了資糧道之後，我們所有正面性的情緒都增強了。福德資糧給了我們一些（正面的）自由意志，可以把這些正面的品德運用在需要的地方。

在累積了（充足的）福德之前，我們即使想做善事，卻仍然被負面的情緒和惡業左右著，被這些矛盾的情緒拖累而事倍功半。

第二個「揭諦」是指我們累積了足夠的善業和正面性的情緒，已經準備好可以運用它們了。在「加行道」裡，（我們）可以完全對治那些惡業和破壞性的情緒。

「波羅揭諦」是「超越」的意思，也就是我們已經對治了惡業和所有活躍的破壞性情緒，並且準備好可以（見道）去超越了。「揭諦　揭諦　波羅揭諦」的簡單翻譯是「去吧！去吧！去到彼岸！」，經由成就了「資糧道」、「加行道」和「見道」，我們就可以超越輪迴和涅槃。

「見道」是指體悟了自己的眞正性質，這是我們第一次瞥見自己內在的佛性，也瞥見了其他眾生內在的佛性，「波羅揭諦」就是指「見道」。

我們現在看不到自己內在的佛性，也看不到他人內在的佛性，即使修持了許多金剛乘的法，而且領受了很多灌頂，我們的業力和習氣仍然非常強烈，因此，不能看到自己和他人的清淨性。

（五道中的）第三道「見道」讓我們見到了所有一切眾生和事物中的清淨空性，可以同時觀照到人、事、物各種境界和它們的空性，空性不再是哲理或知識上的理解，已經成爲了非常強而有力的個人體悟。

在「見道」的階段裡，這時前五種波羅蜜會和第六種波羅蜜「智慧」結合在一起，一旦結合了智慧，前五種波羅蜜就完美圓滿了。

當您了悟到沒有施者、沒有受者、沒有所施物時，就成就了「布施」波羅蜜。這意謂著您已見到萬法的空性，當您照見到眞正的性質時，就沒有能施之我、沒有所施之物、沒有受施之人了。對「持戒」、「忍辱」、「精進」、「禪定」來說，也是如此，當我們見到眞正的性質時，它們都圓滿了。

當我們見到三輪的眞正性質時，就都圓滿了，這種狀況讓我們「超越」。當布施圓滿時，我們對能施之我（自己）、所施之物和受施之人就不會再有著任何情緒上的介入。

諸佛因無限的慈悲而教導我們，這些教授是最珍貴的禮物，當我們的禮物根源於智慧時，它們就具有使我們「超越」和自在解脫的力量。

如果我們的布施是根源於自我、貪欲和執著，就不能自在解脫。即使我們布施了一些東西，卻總是希望有一些回報，甚至教授佛法（法施），如果是根源於自己的情緒，也不會圓滿。我們可能不會要求任何明顯的回報，但是，在我們的內心深處可能期盼著一些關注、賞識、愛或忠心。「超越」就是前五種波羅蜜和「智慧」波羅蜜結合在一起了，這只有在我們見到了自己的空性、受者的空性和所施物的空性時，才有可能成辦。

然而，瞥見空性之後仍然需要更進一步的修行，「波羅僧揭諦」是「完全超越」的意思。我們必須去「修道」，重複不斷地薰修「見道」（的體悟），經由一而再，再而三地照見眞正的性質，我們的心就會呈現眞正的性質，因而成就了「菩提」，也就是覺醒的狀態。經過不斷地薰修（見道的）體悟，我們就覺醒了，從一切破壞性的情緒和所有業力的無明中完全醒覺過來，成就了圓滿的證悟。

受持了菩薩戒之後，我們可以根據大乘佛教的六波羅蜜來修行，也可以根據密宗的儀軌來修持。儀軌修持大部分是根據六波羅蜜，在一些密續的教授中提到，當觀想自己是本尊的形體來供養（智慧）本尊時，這是修「布施」波羅蜜最好的方法之一。

做爲本尊，您已超越了自己，當以密咒和手印做供養時，觀想那些供養物從空性的體悟中產生出來，獻供的天女們正在供養前面的諸佛和本尊，祂們都是已經證悟的聖者。雖然修行的方法不同，但是意義是相同的。

據說金剛乘更善巧方便，密續的根據是以果爲道用，您觀想自己是一尊佛，以佛身來供養和做各種修持，唯一不同的是在大乘裡，您依舊是一位努力修證的凡夫。

大乘佛教裡道次第較多，有五種證悟的階段可以衡量我們的體驗。如果我們朝著正確的方向修行，可以修「資糧道」來積聚所有的福德，當我們在「加行道」適當地運用這些福德時，就會觀照到空性的勝義諦，並且進入了「見道」的階段。當空性經由「修道」成爲心性的自然顯現時，就有了智慧（無學道）的醒覺，照見了心的明性和空性，那就是「菩提」。

在大乘裡，有兩種方法來衡量禪修所體悟的層次，一種方法是我們剛剛探討過的「五道」，另一種方法是「十地」。

「薩婆訶」的意思是讓您已經成就的覺醒「圓滿確立」，誦持這個咒語能幫助我們體悟，即使我們沒有任何體悟，誦持這個咒語仍然可以幫助我們修持六波羅蜜。

如果我們有適當的智慧修學，智慧就會成爲六波羅蜜的指南，讓我們能夠超越。這個咒語提醒我們去持戒和修定，對某些非常了解心性的人來說，誦這個咒可以等同修持戒、定、慧三學。

我們還沒有達到那個階段，這個咒語應該是在提醒我們依據大乘佛教來修持「六度」。如果是金剛乘的修行者，這個咒語能夠幫助我們透過日常的儀軌修持來成就智慧。這個咒語和證悟的所有階段都有關係，可以幫助我們經由「五道」來修行。

舍利子！諸菩薩摩訶薩，應如是修學甚深般若波羅蜜多。

到目前爲止，佛陀還沒有開口說話，在這個教授的過程中，佛陀一直在禪定裡。佛陀經由禪定的智慧覺知一切，加持著觀世音菩薩在培訓舍利弗，到此爲止被認爲是「加持的經文」。

爾時世尊從廣大甚深三摩地起，讚觀自在菩薩摩訶薩言：

這個時候，佛陀從他的禪定中起來。「起」並不是意謂著他站起來了，而是指他從甚深的禪定中出來說了這些話：

「善哉！善哉！善男子，如是，如是！如汝所說，彼當如是修學甚深般若波羅蜜多，如是行時，一切如來皆悉隨喜。」

這些是佛陀親口說的話，佛陀在確認觀世音菩薩對舍利弗的教導都是正確的，這部分的經文被稱爲「佛說的經文」。

時世尊說是語已，長老舍利弗、聖者觀自在菩薩摩訶薩、一切世間天、人、阿修羅、乾闥婆等，聞佛所說，皆大歡喜，信受奉行。

這個部分被認爲是「隨喜的經文」，在整個教授的過程中，那些在靈鷲山上的聖眾現在都在隨喜。這是一個龐大的集會，包括了天、人、阿修羅、乾達婆等，每一位與會大眾現在都隨喜來回應佛陀說的話。

雖然《心經》是《般若波羅蜜多經》的精要版，我們可以看到，它仍然涵蓋了根、道、果、利益和結行。我們越深入地研究修習這部精要的《心經》，就可以學到越多。

在這部簡短的《心經》裡，顯示了我們如何能超越輪迴、如何去超越輪迴和涅槃達到圓滿證悟的佛果，這是「正見」（darshana），也就是智慧的修學。

般若波羅蜜多的修行，「超越的智慧」超越了輪迴和涅槃。剛開始這些《心經》教授可能似乎只是哲理，因此，我們必須把這些教授帶入我們的修行裡。修行應當基於戒、定、慧三學，一旦打好了基礎，當您修持密續的儀軌時，包括 yantra 和所有的圓滿次第，都將更合情合理，您也能夠確定這些都是有效的修持方法。

問答

問：請問喇嘛，持咒是否能夠幫助我們停止內在喋喋不休的聲音？

答：是可以的。一般來說，所有密咒都可以幫助您來防止內心散亂的念頭，這是所有密咒具有的共同利益。每當心裡有許多喋喋不休的聲音時，如果您開始持咒，就可以發現持咒可以平息您的思緒。

如果您以聲音性空的體悟來持咒，真的可以幫助您超越，持咒可以幫助您停留在內在的虛空裡，這就是持咒的目的。您知道嗎？那種狀況是否容易發生完全取決於您的包袱（煩惱業障）有多重而定。

如果在過去生造了很重的業障包袱，您一定要先累積福德來對治（業障），否則，業障包袱非常沉重，不論您持多少咒，都不會找到內在虛空。

我見過這種狀況，發生在一些內心非常忙碌、喋喋不休的學生身上。有一位非常聰明的學生，他總是對我說：「我有一個問題。」我總是回答他：「噢！不要問。」對這位學生來說，一個問題永遠會引起第二個、第三個、第四個問題，他的心是如此忙碌，有永無止境的問題！

今天這種狀況又發生了，那位學生說：「我保證只有一個問題。」因此，我說：「好的，您只能問一個問題。」他問了問題，我也回答了，然後，他迫切的想要問第二個問題，我告訴他，「這個分析不會有結果，就像雞和蛋的問題一樣，您可以永遠問下去！最好是轉向修行來找答案。」於是，我建議他持度母咒！

許多人有很多話需要對心理諮詢師說，如果這樣能幫助他們，讓內心平靜安詳，那也非常好。如果這樣只會攪動他們內心的喋喋不休，回憶起往昔的痛苦，那麼持咒就非常有幫助，您可以誦持度母咒，把度母當作您的心理諮詢師！

否則，就有永無止境的問答，我們對所有情緒的探討是永無止境的，對知識的探究也是永無止境的。我的上師，尊貴的法王究給企謙仁波切（H.E. Chogye Trichen Rinpoche）告訴我，透過學術研究或哲學理論是很難成就任何證悟的。

累積福德資糧（資糧道）是照見空性和成就證悟最簡單的方法，資糧道是非常實際的，可以消除我們的疑慮，而持咒是一個非常實用的方法。積極的修行具有切斷（煩惱）的力量，您可以先誦整部經，然後專注於持咒，重複地誦持咒語，無論何時，只要有時間，您都可以持咒。

問：請問喇嘛，我們如何能找時間去閉關？似乎有很多障礙。

答：是的，我同意有許多障礙，但是，如果修行對您來說是重要的，就需要騰出一些時間來做日常的修行和閉關。只要一有時間，就盡最大的努力去修行，我們不需要爲了得到一些體悟而出家成爲僧尼，只需要盡自己最大的能力去精進修行。

#《心經》簡要修持法

（皈依發菩提心文，誦三遍）

諸佛正法賢聖僧，直至菩提永皈依；

布施六度諸功德，為利眾生願成佛。

（慈悲喜捨四無量心文，誦三遍）

願一切眾生具足樂及樂因；

願一切眾生脫離苦及苦因；

願一切眾生不離無苦之樂；

願一切眾生遠離親疏愛憎，住平等捨。

（持咒，量力而為，次數越多越好）

怛雅他　嗡　揭諦　揭諦　波羅揭諦　波羅僧揭諦　菩提薩婆訶

（迴向文，誦一遍）

如大智文殊師利，普賢菩薩之大行，
所修功德願如彼，悉皆迴向亦如是。

密格瑪喇嘛依據佛教傳統修行方法編輯

欲進一步了解這些修行方法，請瀏覽：www.lamamigmar.net

般若波羅蜜多儀軌

南無　欸克阿克恰兒雅

（Namo ekākṣaryai）

南無　咕嚕　般若波羅蜜多雅

（Namo Guru Prajñāpāramitāyai）

（皈依發菩提心文，誦三遍）

諸佛正法賢聖僧，直至菩提永皈依；

布施六度諸功德，為利眾生願成佛。

（觀空咒，誦時將所有一切現象化空）

嗡　梭巴瓦　秀打　沙瓦達瑪　梭巴瓦　秀多　罕

(Om svahāva śuddha sarvadharmah svahāva śuddho'ham)

（念誦並隨文入觀）

從空性中，頃刻間自己化現為般若波羅蜜多佛母，雙腳併攏，立於蓮花月輪上，身純金色，一面四臂；（右上臂）第一隻右手握寶劍指向天空，（左上臂）第一隻左手做法界定印之姿式（手掌朝上於肚臍前），（右下臂）第二隻右手持念珠，（左下臂）第二隻左手托經書；綾羅綢緞、珠寶瓔珞莊嚴其身。

無可言思般若度，不生不滅虛空性；
各別自證智行境，頂禮三世諸佛母。

如是我聞，一時佛在王舍城靈鷲山中，與大比丘眾，百六十三人俱，及千百萬億菩薩摩訶薩，同住一處。爾時，佛告阿難陀尊者言：「阿難陀！所謂般若波羅蜜多之一音，利益安樂一切有情故，應如是受持。」

（以上念誦結束時，在心中憶起曾經聽聞過的教義，以自己所顯現清淨光明而性空之本尊佛母身形來修心，將心專注在舌尖觀想的「阿」字上。）

अ ཨ 阿

（進一步，思惟無二元對立之物境，將心安住於空的狀態中，不向外攀緣，並且念誦二十一次「阿」，然後從如幻的緣起狀態中，念誦結尾之隨喜經文。）

世尊說是語已，阿難陀尊者、大比丘眾及諸菩薩摩訶薩，悉皆證入般若波羅蜜多，歡喜讚嘆，信受奉行。

（迴向文，誦一遍）

如大智文殊師利，普賢菩薩之大行，
所修功德願如彼，悉皆迴向亦如是。

密格瑪喇嘛依據佛教傳統修行方法編輯
欲進一步了解這些修行方法，請瀏覽：www.lamamigmar.net

《心經》除障法

（皈依發菩提心文，誦三遍）

諸佛正法賢聖僧，直至菩提永皈依；

布施六度諸功德，為利眾生願成佛。

（《心經》及除障文，量力而為，次數越多越好）

藏傳《心經》

無可言思般若度，不生不滅虛空性；
各別自證智行境，頂禮三世諸佛母。

如是我聞，一時佛在王舍城靈鷲山中，與大比丘眾，及諸菩薩摩訶薩，同住一處。爾時，世尊入三摩地，名廣大甚深。

復於爾時，眾中有菩薩摩訶薩，名觀自在，行深般若波羅蜜多時，照見五蘊皆空，度一切苦厄。

時長老舍利弗承佛威力，合掌恭敬白聖者觀自在菩薩摩訶薩言：「善男子，若有欲修學甚深般若波羅蜜多者，應云何修行？」

作是語已，觀自在菩薩摩訶薩告長老舍利弗言：「舍利子！若善男子、善女人欲修行甚深般若波羅蜜多，應觀五蘊性空。

「色即是空，空即是色，色不異空，空不異色。受、想、行、識，亦復如是。

「舍利子！如是諸法空無相，不生不滅，不垢不淨，不增不滅。舍利子！是故空中無色，無受、想、行、識。無眼、耳、鼻、舌、身、意；無色、聲、香、味、觸、法；無眼界，乃至無意識界。無無明，亦無無明盡；乃至無老死，亦無老死盡。無苦、集、滅、道；無智、無得、亦無無得。

「舍利子！以無所得故，菩提薩埵，依般若波羅蜜多故，心無罣礙。無罣礙故，無有恐怖，遠離顛倒夢想，究竟涅槃。三世諸佛，依般若波羅蜜多故，得阿耨多羅三藐三菩提。

「故知般若波羅蜜多，是大神咒，是大明咒，是無上咒，是無等等咒，能除一切苦，真實不虛。故說般若波羅蜜多咒，即說咒曰：

「怛雅他　嗡　揭諦　揭諦　波羅揭諦　波羅僧揭諦　菩提薩婆訶

「舍利子！諸菩薩摩訶薩，應如是修學甚深般若波羅蜜多。」

爾時世尊從廣大甚深三摩地起，讚觀自在菩薩摩訶薩言：「善哉！善哉！善男子，如是，如是！如汝所說，彼當如是修學甚深般若波羅蜜多，如是行時，一切如來皆悉隨喜。」

時世尊說是語已，長老舍利弗、聖者觀自在菩薩摩訶薩、一切世間天、人、阿修羅、乾闥婆等，聞佛所說，皆大歡喜，信受奉行。

除障文

南無！

頂禮上師、頂禮佛、頂禮法、頂禮僧！

頂禮大佛母般若波羅蜜多！

依此頂禮聖眾功德力，祈願成就此真實念誦。

如昔時帝釋天王思惟大佛母甚深般若波羅蜜多義，依止念誦，遣除魔王波旬等一切違緣。我亦如是思惟大佛母甚深般若波羅蜜多義，依止念誦。依止三寶聖者真實語，祈願所有一切敵對、障礙及中止我等修行正法之違緣，願皆遣除！（拍一下手）

願皆無有！（拍一下手）

願皆平息！（拍一下手）

願皆徹底平息！

依於善巧皈依與淨治，自在解脫真實之大乘，
全然蒙蔽誘惑眾生境，祈願一切魔業皆遣除。
成就圓覺內外之障礙，祈願一切違緣皆平息。

（迴向文，誦一遍）

如大智文殊師利，普賢菩薩之大行，
所修功德願如彼，悉皆迴向亦如是。

密格瑪喇嘛依據佛教傳統修行方法編輯

欲進一步了解這些修行方法，請瀏覽：www.lamamigmar.net

「生死之輪——六道輪迴」圖

汝當求出離，於佛教勤修
降伏生死軍，如象摧草舍
於此法律中，常為不放逸
能竭煩惱海，當盡苦邊際

橡樹林文化 ❖❖ 善知識系列 ❖❖ 書目

JB0024	佛陀的聖弟子傳 4	向智長老◎著	260 元
JB0025	正念的四個練習	喜戒禪師◎著	260 元
JB0026	遇見藥師佛	堪千創古仁波切◎著	270 元
JB0027	見佛殺佛	一行禪師◎著	220 元
JB0028	無常	阿姜查◎著	220 元
JB0029	覺悟勇士	邱陽・創巴仁波切◎著	230 元
JB0030	正念之道	向智長老◎著	280 元
JB0031	師父——與阿姜查共處的歲月	保羅・布里特◎著	260 元
JB0032	統御你的世界	薩姜・米龐仁波切◎著	240 元
JB0033	親近釋迦牟尼佛	髻智比丘◎著	430 元
JB0034	藏傳佛教的第一堂課	卡盧仁波切◎著	300 元
JB0035	拙火之樂	圖敦・耶喜喇嘛◎著	280 元
JB0036	心與科學的交會	亞瑟・札炯克◎著	330 元
JB0037	你可以，愛	一行禪師◎著	220 元
JB0038	專注力	B・艾倫・華勒士◎著	250 元
JB0039X	輪迴的故事	堪欽慈誠羅珠◎著	270 元
JB0040	成佛的藍圖	堪千創古仁波切◎著	270 元
JB0041	事情並非總是如此	鈴木俊隆禪師◎著	240 元
JB0042	祈禱的力量	一行禪師◎著	250 元
JB0043	培養慈悲心	圖丹・卻准◎著	320 元
JB0044	當光亮照破黑暗	達賴喇嘛◎著	300 元
JB0045	覺照在當下	優婆夷　紀・那那蓉◎著	300 元
JB0046	大手印暨觀音儀軌修法	卡盧仁波切◎著	340 元
JB0047X	蔣貢康楚閉關手冊	蔣貢康楚羅卓泰耶◎著	260 元
JB0048	開始學習禪修	凱薩琳・麥唐諾◎著	300 元
JB0049	我可以這樣改變人生	堪布慈囊仁波切◎著	250 元
JB0050	不生氣的生活	W. 伐札梅諦◎著	250 元
JB0051	智慧明光：《心經》	堪布慈囊仁波切◎著	250 元
JB0052	一心走路	一行禪師◎著	280 元
JB0054	觀世音菩薩妙明教示	堪布慈囊仁波切◎著	350 元
JB0055	世界心精華寶	貝瑪仁增仁波切◎著	280 元

JB0056	到達心靈的彼岸	堪千・阿貝仁波切◎著	220元
JB0057	慈心禪	慈濟瓦法師◎著	230元
JB0058	慈悲與智見	達賴喇嘛◎著	320元
JB0059	親愛的喇嘛梭巴	喇嘛梭巴仁波切◎著	320元
JB0060	轉心	蔣康祖古仁波切◎著	260元
JB0061	遇見上師之後	詹杜固仁波切◎著	320元
JB0062X	白話《菩提道次第廣論》	宗喀巴大師◎著	500元
JB0063	離死之心	竹慶本樂仁波切◎著	400元
JB0064	生命真正的力量	一行禪師◎著	280元
JB0065	夢瑜伽與自然光的修習	南開諾布仁波切◎著	280元
JB0066	實證佛教導論	呂真觀◎著	500元
JB0067	最勇敢的女性菩薩——綠度母	堪布慈囊仁波切◎著	350元
JB0068	建設淨土——《阿彌陀經》禪解	一行禪師◎著	240元
JB0069	接觸大地—與佛陀的親密對話	一行禪師◎著	220元
JB0070	安住於清淨自性中	達賴喇嘛◎著	480元
JB0071/72	菩薩行的祕密【上下冊】	佛子希瓦拉◎著	799元
JB0073	穿越六道輪迴之旅	德洛達娃多瑪◎著	280元
JB0074	突破修道上的唯物	邱陽・創巴仁波切◎著	320元
JB0075	生死的幻覺	白瑪格桑仁波切◎著	380元
JB0076	如何修觀音	堪布慈囊仁波切◎著	260元
JB0077	死亡的藝術	波卡仁波切◎著	250元
JB0078	見之道	根松仁波切◎著	330元
JB0079	彩虹丹青	祖古・烏金仁波切◎著	340元
JB0080	我的極樂大願	卓千拉貢仁波切◎著	260元
JB0081	再捻佛語妙花	祖古・烏金仁波切◎著	250元
JB0082	進入禪定的第一堂課	德寶法師◎著	300元
JB0083	藏傳密續的真相	圖敦・耶喜喇嘛◎著	300元
JB0084	鮮活的覺性	堪千創古仁波切◎著	350元
JB0085	本智光照	遍智　吉美林巴◎著	380元
JB0086	普賢王如來祈願文	竹慶本樂仁波切◎著	320元
JB0087	禪林風雨	果煜法師◎著	360元
JB0088	不依執修之佛果	敦珠林巴◎著	320元
JB0089	本智光照—功德寶藏論　密宗分講記	遍智　吉美林巴◎著	340元
JB0090	三主要道論	堪布慈囊仁波切◎講解	280元

JB0091	千手千眼觀音齋戒——紐涅的修持法	汪遷仁波切◎著	400 元
JB0092	回到家，我看見真心	一行禪師◎著	220 元
JB0093	愛對了	一行禪師◎著	260 元
JB0094	追求幸福的開始：薩迦法王教你如何修行	尊勝的薩迦法王◎著	300 元
JB0095	次第花開	希阿榮博堪布◎著	350 元
JB0096	楞嚴貫心	果煜法師◎著	380 元
JB0097	心安了，路就開了： 讓《佛說四十二章經》成為你人生的指引	釋悟因◎著	320 元
JB0098	修行不入迷宮	札丘傑仁波切◎著	320 元
JB0099	看自己的心，比看電影精彩	圖敦．耶喜喇嘛◎著	280 元
JB0100	自性光明——法界寶庫論	大遍智　龍欽巴尊者◎著	480 元
JB0101	穿透《《心經》》：原來，你以為的只是假象	柳道成法師◎著	380 元
JB0102	直顯心之奧秘：大圓滿無二性的殊勝口訣	祖古貝瑪．里沙仁波切◎著	500 元
JB0103	一行禪師講《金剛經》	一行禪師◎著	320 元
JB0104	金錢與權力能帶給你什麼？ 一行禪師談生命真正的快樂	一行禪師◎著	300 元
JB0105	一行禪師談正念工作的奇蹟	一行禪師◎著	280 元
JB0106	大圓滿如幻休息論	大遍智　龍欽巴尊者◎著	320 元
JB0107	覺悟者的臨終贈言：《定日百法》	帕當巴桑傑大師◎著 堪布慈囊仁波切◎講述	300 元
JB0108	放過自己：揭開我執的騙局，找回心的自在	圖敦．耶喜喇嘛◎著	280 元
JB0109	快樂來自心	喇嘛梭巴仁波切◎著	280 元
JB0110	正覺之道．佛子行廣釋	根讓仁波切◎著	550 元
JB0111	中觀勝義諦	果煜法師◎著	500 元
JB0112	觀修藥師佛——祈請藥師佛，能解決你的 困頓不安，感受身心療癒的奇蹟	堪千創古仁波切◎著	450 元
JB0113	與阿姜查共處的歲月	保羅．布里特◎著	300 元
JB0114	正念的四個練習	喜戒禪師◎著	300 元
JB0115	揭開身心的奧秘：阿毗達摩怎麼說？	善戒禪師◎著	420 元
JB0116	一行禪師講《阿彌陀經》	一行禪師◎著	260 元
JB0117	一生吉祥的三十八個祕訣	四明智廣◎著	350 元
JB0118	狂智	邱陽創巴仁波切◎著	380 元
JB0119	療癒身心的十種想——兼行「止禪」與「觀禪」 的實用指引，醫治無明、洞見無常的妙方	德寶法師◎著	320 元

JB0120	覺醒的明光	堪祖蘇南給稱仁波切◎著	350元
JB0121	大圓滿禪定休息論	大遍智　龍欽巴尊者◎著	320元
JB0122	正念的奇蹟（電影封面紀念版）	一行禪師◎著	250元
JB0123	一行禪師　心如一畝田：唯識 50 頌	一行禪師◎著	360元
JB0124	一行禪師　你可以不生氣：佛陀的情緒處方	一行禪師◎著	250元
JB0125	三句擊要： 以三句口訣直指大圓滿見地、觀修與行持	巴珠仁波切◎著	300元
JB0126	六妙門：禪修入門與進階	果煜法師◎著	360元
JB0127	生死的幻覺	白瑪桑格仁波切◎著	380元
JB0128	狂野的覺醒	竹慶本樂仁波切◎著	400元
JB0129	禪修《心經》——萬物顯現，卻不真實存在	堪祖蘇南給稱仁波切◎著	350元
JB0130	頂果欽哲法王：《上師相應法》	頂果欽哲法王◎著	320元
JB0131	大手印之心：噶舉傳承上師心要教授	堪千創古仁切波◎著	500元
JB0132	平心靜氣：達賴喇嘛講《入菩薩行論》〈安忍品〉	達賴喇嘛◎著	380元
JB0133	念住內觀：以直觀智解脫心	班迪達尊者◎著	380元
JB0134	除障積福最強大之法——山淨煙供	堪祖蘇南給稱仁波切◎著	350元
JB0135	撥雲見月：禪修與祖師悟道故事	確吉．尼瑪仁波切◎著	350元
JB0136	醫者慈悲心：對醫護者的佛法指引	確吉．尼瑪仁波切 大衛．施林醫生 ◎著	350元
JB0137	中陰指引——修習四中陰法教的訣竅	確吉．尼瑪仁波切◎著	350元
JB0138	佛法的喜悅之道	確吉．尼瑪仁波切◎著	350元
JB0139	當下了然智慧：無分別智禪修指南	確吉．尼瑪仁波切◎著	360元
JB0140	生命的實相——以四法印契入金剛乘的本覺修持	確吉．尼瑪仁波切◎著	360元
JB0141	邱陽創巴仁波切 當野馬遇見上師：修心與慈觀	邱陽創巴仁波切◎著	350元
JB0142	在家居士修行之道——印光大師教言選講	四明智廣◎著	320元
JB0143	光在，心自在 〈普門品〉陪您優雅穿渡生命窄門	釋悟因◎著	350元
JB0144	剎那成佛口訣——三句擊要	堪祖蘇南給稱仁波切◎著	450元
JB0145	進入香巴拉之門——時輪金剛與覺囊傳承	堪祖嘉培珞珠仁波切◎著	450元
JB0146	（藏譯中）菩提道次第廣論： 抉擇空性見與止觀雙運篇	宗喀巴大師◎著	800元
JB0147	業力覺醒：揪出我執和自我中心， 擺脫輪迴束縛的根源	圖丹．卻准◎著	420元

PO Box 391042
Cambridge, MA 02139 USA
www.lamamigmar.net

善知識系列　JB0148

心經——超越的智慧

作　　者／密格瑪策天喇嘛
譯　　者／福慧編譯組
責任編輯／劉昱伶
業　　務／顏宏紋

總 編 輯／張嘉芳
出　　版／橡樹林文化
城邦文化事業股份有限公司
104 台北市民生東路二段 141 號 5 樓
電話：(02)2500-7696　傳真：(02)2500-1951
發　　行／英屬蓋曼群島商家庭傳媒股份有限公司城邦分公司
104 台北市中山區民生東路二段 141 號 2 樓
客服服務專線：(02)25007718；25001991
24 小時傳真專線：(02)25001990；25001991
服務時間：週一至週五上午 09:30 ～ 12:00；下午 13:30 ～ 17:00
劃撥帳號：19863813　戶名：書虫股份有限公司
讀者服務信箱：service@readingclub.com.tw
香港發行所／城邦（香港）出版集團有限公司
香港灣仔駱克道 193 號東超商業中心 1 樓
電話：(852)25086231　傳真：(852)25789337
Email: hkcite@biznetvigator.com
馬新發行所／城邦（馬新）出版集團【Cité (M) Sdn.Bhd. (458372 U)】
41, Jalan Radin Anum, Bandar Baru Sri Petaling,
57000 Kuala Lumpur, Malaysia.
電話：(603) 90578822　傳真：(603) 90576622
Email：cite@cite.com.my

內　　文／歐陽碧智
封　　面／耳東惠設計
印　　刷／韋懋實業有限公司

初版一刷／ 2021 年 7 月
ISBN ／ 978-986-06555-4-4
定價／ 380 元

國家圖書館出版品預行編目（CIP）資料

心經：超越的智慧 / 密格瑪策天喇嘛著；福慧編譯組譯 . -- 初版 . -- 臺北市：橡樹林文化，城邦文化事業股份有限公司出版：英屬蓋曼群島商家庭傳媒股份有限公司城邦分公司發行，2021.07
面；　公分 . --（善知識；JB0148）
ISBN 978-986-06555-4-4（平裝）

1. 般若部　2. 佛教修持

221.45　　110008724

廣　告　回　函
北區郵政管理局登記證
北 台 字 第 10158 號

郵資已付　免貼郵票

104 台北市中山區民生東路二段 141 號 5 樓

城邦文化事業股份有限公司

橡樹林出版事業部　收

請沿虛線剪下對折裝訂寄回，謝謝！

橡｜樹｜林

書名：《心經——超越的智慧》　書號：JB0148

橡樹林文化

讀者回函卡

感謝您對橡樹林出版社之支持，請將您的建議提供給我們參考與改進；請別忘了給我們一些鼓勵，我們會更加努力，出版好書與您結緣。

姓名：________________ □女 □男 生日：西元________年

Email：________________________________

● 您從何處知道此書？

□書店 □書訊 □書評 □報紙 □廣播 □網路 □廣告 DM □親友介紹

□橡樹林電子報 □其他________

● 您以何種方式購買本書？

□誠品書店 □誠品網路書店 □金石堂書店 □金石堂網路書店

□博客來網路書店 □其他________

● 您希望我們未來出版哪一種主題的書？（可複選）

□佛法生活應用 □教理 □實修法門介紹 □大師開示 □大師傳記

□佛教圖解百科 □其他________

● 您對本書的建議：

____

____

____

____

____

非常感謝您提供基本資料，基於行銷及個案管理或其他合於營業登記項目或章程所定業務需要之目的，家庭傳媒集團（即英屬蓋曼群商家庭傳媒股份有限公司城邦分公司、城邦文化事業股分有限公司、書虫股分有限公司、墨刻出版股分有限公司、城邦原創股分有限公司）於本集團之營運期間及地區內，將不定期以MAIL訊息發送方式，利用您的個人資料於提供讀者產品相關之消費與活動訊息，如您有依照個資法第三條或其他需服務之業務，得致電本公司客服。

我已經完全瞭解左述內容，並同意本人資料依上述範圍內使用。

________________（簽名）

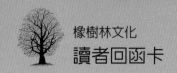

處理佛書的方式

佛書內含佛陀的法教，能令我們免於投生惡道，並且爲我們指出解脫之道。因此，我們應當對佛書恭敬，不將它放置於地上、座位或是走道上，也不應跨過。搬運佛書時，要妥善地包好、保護好。放置佛書時，應放在乾淨的高處，與其他一般的物品區分開來。

若是需要處理掉不用的佛書，就必須小心謹慎地將它們燒掉，而不是丟棄在垃圾堆當中。焚燒佛書前，最好先唸一段祈願文或是咒語，例如唵（OM）、啊（AH）、吽（HUNG），然後觀想被焚燒的佛書中的文字融入「啊」字，接著「啊」字融入你自身，之後才開始焚燒。

這些處理方式也同樣適用於佛教藝術品，以及其他宗教教法的文字記錄與藝術品。

ཡི་གེ་ཉི་ཤུ་རྩ་དྲུག་པ་འདི་དཔེ་ཆའི་ནང་དུ་བཞག་ན་དཔེ་ཆ་དེ་ཅི་འདྲར་
བགོམས་ཀྱང་ཉེས་པ་མི་འབྱུང་བར་འཇམ་དཔལ་རྩ་རྒྱུད་ལས་གསུངས་སོ། །

此咒置經書中　可滅誤跨之罪